Markus Salhab
Bianca Jäger

TRAUM-
GESPRÄCHE

Was Träume über das Seelenleben
der Kinder verraten

Wilhelm Heyne Verlag
München

Für Eduard.
Für Theresa.
Für Vera.

Verlagsgruppe Random House FSC-DEU-0100
Das für dieses Buch verwendete
FSC-zertifizierte Papier *Holmen Book Cream* liefert
Holmen Paper, Hallstavik, Schweden.

Originalausgabe 07/2010

Copyright © 2010 by Wilhelm Heyne Verlag, München,
in der Verlagsgruppe Random House GmbH
Printed in Germany 2010
Umschlaggestaltung: Werkstatt München, unter Verwendung eines
Bildes von mauritius images/dieKleinert
Satz: EDV-Fotosatz Huber / Verlagsservice G. Pfeifer, Germering
Druck und Bindung: GGP Media GmbH, Pößneck
ISBN: 978-3-453-65012-1

www.heyne.de

Inhalt

Vorwort 9

Sophias Brief 11

Einleitung 13

**Die Beziehung zu meinem Kind und welche
Rolle die Träume dabei spielen** 23
   Zeit für Kinderträume? 26
   Wie Träume glücklich machen 30
   Mit Kindern auf Augenhöhe sprechen 36
   Traumgespräche sind anders 38
   Über Träume sprechen heißt Kinder begleiten 41
   Träume als Kummerkasten. 45
   Wenn es mal schwierig ist – dann erst recht!. . 50
   Wenn Kinder Neuland erobern 57
   Kinder wachsen an Problemen 62
   Mal sehen, was noch in dir steckt 69
   Wunschträume oder mehr? 74

Das Wesen der Träume 81
   Es sprudelt unaufhörlich, von Anfang an 83
   Kinder träumen mit Leib und Seele 85
   Der Traum, der geistige Blinddarm? 88
   Dem Traumgeschehen unkritisch ergeben . . . 91
   Woher kommen die Träume? 94

Der Ausdruck von Außenreizen im Traum ... 100
Der Ausdruck von körperlichen Zuständen
  im Traum 101
Was bedeutet dieser Traum? 103
Träume wachsen mit 107
Projektion 110
Kinder träumen von Tieren 113
Kinder träumen von Hexen, Zauberern und
  anderen komischen Gestalten 119
Alpträume 121

Über Träume sprechen – der Leitfaden 131
Mit Kindern philosophieren 133
Die Traumerinnerung gezielt verbessern 140
Der Leitfaden 145
Was tun, wenn Kinder nicht reden wollen? .. 156
Damit Traumgespräche garantiert stattfinden
  und gelingen können 161

Traumgespräche mit Kindern – oder wie Sie die Träume Ihres Kindes verstehen lernen 171
Der Kuss – Lilo (5 Jahre alt) 173
Das neue Baby – Lisa (5 Jahre alt) 177
Der Eisbär (Alptraum) – Vladi (5 Jahre alt) .. 182
»Vorsicht Ende« – Rosa (6 Jahre alt) 188
Das Klo im Auto (Alptraum) –
  Friedericke (7 Jahre alt) 195
Der bissige Lux – Julien (8 Jahre alt) ... 202
Die Spinnenflüsterin – Charlotte (8 Jahre alt) 209

Die Mauer (Alptraum) – Hans (9 Jahre alt) .. 216
Der Gorilla (Alptraum) –
    Claudio (9 Jahre alt) 222
Unter dem Tisch – Anton (11 Jahre alt) 230
Von Zombies verfolgt (Alptraum) –
    Marita (12 Jahre alt) 237
In den Schuhen meines Bruders –
    Josef (14 Jahre alt) 245
Der erschossene Anführer –
    Edgar (15 Jahre alt) 252

Nachwort 261

Antwort der Eltern auf Sophias Brief 263

Literaturverzeichnis 265

Vorwort

Wenn ich so aus dem Fenster blicke, dann staune ich über die Hektik und Rastlosigkeit der Menschen. Was treibt sie wohl an, was denken sie bloß und wonach streben sie?

Wo man auch hinsieht, Menschen verwenden ihre Zeit darauf, ihr Leben, ihre Kinder und ihre Familien zu optimieren. Aber was ist ein optimales Leben? Was macht mein Leben und das anderer Menschen wirklich wertvoll? Wer bin ich und wer möchte ich sein?

Die Antworten tönen so laut und beharrlich aus allen Kanälen, dass sie niemand überhören kann: Wer zur richtigen Zeit das verheißungsvollste Produkt kauft, sich die neuesten Infos so schnell wie möglich beschafft und die coolste und beste Dienstleistung in Anspruch nimmt, dem ist das Lebensglück gewiss. Und obwohl wir uns stets darüber im Klaren sind, dass dem nicht so ist, halten wir uns – die Kinder an der Hand – im Hamsterrad gesellschaftlicher Konventionen und Verpflichtungen am Laufen, unermüdlich den modernen Heilsversprechungen folgend. Wollen wir das? Und vor allem, was wollen wir für zukünftige Generationen – was wollen wir für unsere Kinder?

Bianca Jäger und Markus Salhab scheinen etwas anderes im Sinn zu haben, wenn sie mit Kindern über deren Träume sprechen. Sich Zeit nehmen, einfühlsam und mit ganz großen Ohren den Traumerlebnissen der Kinder lauschen. Nicht gerade zeitgemäß, und trotzdem folgen die Autoren einer großen inneren Bedürftigkeit unserer Kinder. Markus Salhab und Bianca Jäger halten in Ihren Traumgesprächen die Zeit an und führen uns in die sakralen Räume kindlicher Spiritualität. Das wunderbare an der Botschaft dieses Buches: Väter wie Mütter können mit einfachen Mitteln in die zauberhafte und manchmal bedrohliche Traumwelt ihrer Kinder hinabsteigen und mit Dingen in Berührung kommen, die unter dem Verpackungsmüll moderner Lifestyleprodukte vergraben liegen.

Michael Hertweck
Vater

Sophias Brief

Liebe Mama, lieber Papa

wegen heute Morgen bin ich richtig traurig. Da war es blöd. Ich wollte euch doch erzählen, was ich geträumt hab. Und da bist du ganz böse geworden, Mama, und hast gesagt, ich soll damit aufhören, so Geschichten zu erzählen. Lieber soll ich Schuhe binden und meinen Schulranzen zusammenpacken. Weil ihr meinen Traum also nicht hören wollt, schreib ich das jetzt auf, und dann könnt ihr es lesen.

Ich habe nämlich geträumt, dass ich fliegen kann. Ich war in Evas Zimmer, da hat sich auf einmal der Sessel bewegt. Ich bin dann die Kellertreppe hinunter geflüchtet. Papa hat mich überholt, da habe ich noch mehr Angst gehabt. Im Keller war die kaputte Dusche, die Papa immer noch nicht repariert hat. Dann ist das Wasser ausgelaufen und ist immer höher und höher gestiegen. Ich bin einfach davon geflattert, weil vorher hatte ich fliegen geübt und bin über das Hausdach geflogen. Das war mein Traum.

Ihr sagt immer, dass ihr gar nichts träumt, aber das stimmt überhaupt nicht. Selbst mein Hase träumt, wenn er die Augen zu hat. Tiere sind gar nicht so anders, denn mein Hase schläft auch so wie wir, deswegen kann er auch was träumen. Sicher glaubt ihr mir das nicht, aber das stimmt. Ich weiß es. Es wär sooo langweilig ohne träumen. Nur manchmal, da träum ich was Blödes. Aber das geht wieder weg, wenn ich an was Schönes denk.

Gefällt euch jetzt mein Traum?

Eure Sophia – ich hab euch ganz arg lieb.

Einleitung

Kinder überraschen Eltern meistens ganz ohne Vorwarnung mit ihren sonderbaren Traumgeschichten – oft genug gerade dann, wenn sie weder Zeit noch Lust haben, um sich damit zu beschäftigen. Selbst noch im Halbschlaf, liegt einem erst einmal nur daran, die Kleinen zu beruhigen: »Schau, der Wolf ist gar nicht mehr da, du hast nur schlecht geträumt.«

Oder am Frühstückstisch zwingt uns die 5-Jährige in mehrmaligen Anläufen dazu, doch endlich wach zu werden, wenn sie von ihrem Traum mit dem riesigen Elefanten erzählen will. Ob sich der Dickhäuter den nötigen Platz verschaffen kann? Normalerweise hört man als Mutter oder Vater mit halbem Ohr zu, freut sich über die lebhafte Fantasie der Kleinen und achtet darauf, dass alles seinen gewohnten Gang nimmt. Und wenn es dann im Haus ruhiger geworden ist, hören Eltern manchmal ihre neugierige innere Stimme, die so viele Fragen stellt: Was bedeutet es eigentlich, wenn Kinder von Spinnen oder anderen Tieren träumen? Ist es bedenklich, wenn die Träume der Kinder von Ungeheuern, Monstern oder bösen Hexen bevölkert sind? Können das auch Mütter und Väter herausfinden – oder sollte man dies in jedem Fall Fachleuten überlassen? Und weil sich Eltern meistens die Antworten darauf schuldigbleiben, beruhigen sie diese neugierige Stimme, indem sie den Sinn des Ganzen infrage stellen: Ist es überhaupt lohnend, Träume von

Kindern zu beachten, oder sollte man sie besser dorthin zurückschicken, woher sie gekommen sind: In das private Seelenreich des Kindes mit seiner komplizierten Architektur aus Wünschen, Fantasien und unausgesprochenen Verletzungen?

Es mag verschiedene Gründe geben, warum Sie sich diesen Leitfaden gekauft haben: Vielleicht möchten Sie wissen, wie Sie auf die Traumerzählungen Ihres Kindes eingehen sollen, oder Sie suchen nach konkreten Tipps und Hilfe für Kinder, die unter Alpträumen leiden. Möglicherweise hat Ihr Kind immer wieder den gleichen Traum. Vielleicht wurde Ihnen dieses Buch auch von einer Freundin empfohlen und nun blättern Sie neugierig darin. Oder Sie haben selbst intensive Erfahrungen mit Ihren Träumen gemacht und möchten nun auch Ihr Kind in die Geheimnisse der menschlichen Seele einweihen. Was auch immer Sie dazu bewogen hat, dieses Buch zu kaufen, es wird Ihnen helfen, den Träumen und ganz besonders den Träumen Ihrer Kleinen neu zu begegnen: Selbstbewusst und voll Vorfreude, statt irritiert und befremdet, das ist unser Anliegen. Wir möchten Sie zum Experten der Träume Ihrer Kinder machen, denn wer könnte einen besseren Zugang dazu finden als Sie. Mama und Papa sind es, denen das Kind am Morgen seinen Traum erzählen will und die es abends zum Erinnern eines Traums ermutigen. Vor allem aber können Eltern einen Traum schon deshalb leichter als andere verstehen, weil sie die Lebensumstände ihrer Kinder am besten kennen. Was Sie jetzt noch brauchen, um zu wirklichen Traumexperten zu werden, können Sie sich mit Hilfe des Leitfadens leicht erarbeiten.

Sie ahnen sicher, dass wir Ihnen kein Nachschlagewerk an die Hand geben, mit dem Sie bestimmte Traumsymbole entschlüsseln können. Die Hoffnung, die Erklärung von Symbolen und Traumbildern in einem Lexikon zu finden, hat sich erstaunlicherweise – trotz des ungebrochenen Glaubens an Aufklärung und Fortschritt – bis heute fast unverändert erhalten. Aber gehen Sie einmal in eine Buchhandlung und vergleichen Sie die Symbolerklärungen zu ein und demselben Symbol in verschiedenen Büchern. Sie werden selten übereinstimmende Erläuterungen zu den Traumbildern finden.

Unsere Traumpraxis zeigt, dass das Nachschlagen von Symbolen wenig hilfreich ist, wenn Sie etwas über die Träume Ihrer Kinder erfahren wollen. In der Tat würde ein solches Vorgehen auch unseren Überzeugungen zuwiderlaufen, zu denen wir aus eigenen Erfahrungen und infolge der Kenntnis der neueren wissenschaftlichen Traumforschung gelangt sind: Der Traum ist neben den Erfahrungen im Wachen eine weitere bedeutsame Ausdrucksform des menschlichen Erlebens und nur eine von verschiedenen möglichen Bewusstseinsarten. Träume sind darüber hinaus aber auch ganz individuelle Geschehnisse, deren Themen sich aus den Tageserlebnissen und den damit verbundenen kindlichen Gedanken und Empfindungen speisen. Träume zu verstehen bedeutet schließlich, diese Brücken zwischen den Traum- und Wacherfahrungen benennen zu können. Aber wie kann uns das gelingen? Es klingt ganz einfach: Über den Dialog mit dem Kind. Unser wichtigstes Anliegen ist es, Sie für den Verstehensprozess selbst – also das Gespräch über Träume – zu begeistern.

Mit diesem Buch laden wir Sie und Ihr Kind dazu ein, miteinander auf eine Erkenntnisreise zu gehen: Ungeahnte Stärken des Kindes aufzustöbern, seinen Umgang mit Konflikten näher kennenzulernen oder die eigene Sensibilität zu erfahren, die wir oft in der Hektik des Wachlebens unterschätzen. Bizarre, fantastische Traumlandschaften bleiben uns so lange fremd, bis wir uns vor die Tür unseres bewussten Denkens wagen. Bei der Suche nach den Quellen der Traumbilder tasten wir uns an den Bereich der unbewussten Bedürfnisse und den damit verbundenen Gefühlen unseres Kindes heran. Wie beim Wandern in unwegsamem Gelände besteht der Lohn des manchmal anfänglichen Zauderns darin, trittsicherer zu werden und Neues bestaunen zu können. Als Lohn der Anstrengung stellen Kinderträume überaus hilfreiche Antworten bereit auf eine von Eltern am häufigsten gestellte Frage: »Was braucht mein Kind?« In der Erziehung macht uns häufig nicht das sicherer, was andere uns raten. Sicherer und zufriedener können wir vor allem dann werden, wenn wir uns immer wieder mit der Frage befassen: Was bewegt dieses einzigartige Wesen?

Jeder Traum gibt eine höchst individuelle Antwort auf diese Frage. Aber noch in vielerlei anderer Hinsicht sind die Träume Ihres Kindes bereichernd – ja wahre Schatzkammern:

- An allererster Stelle unterstützen Traumgespräche die Fähigkeit des Kindes zur Selbstreflexion.
- Traumgespräche können eine Qualität entfalten, die Sie mit Ihrem Kind intensiver ins Gespräch kommen lässt als sonst.
- Ein Traum kann uns dabei helfen, Glaubenssätze über unser Kind zu überdenken und besondere Stärken zu entdecken: »*Ich wusste gar nicht, dass mein Kind so selbstbewusst sein kann, im Traum hat es sich nichts gefallen lassen ...*«
- Wir haben die einzigartige Chance, uns selbst aus der Sicht des Kindes wahrzunehmen: »*War die Hexe genauso streng, wie ich es manchmal bin?*«
- In Gesprächen – auch und gerade über belastende Träume – können Kinder zu einem kreativen Umgang mit Problemen angeregt werden. Indem Kinder selbstständig zu Lösungen finden, gewinnen sie an Selbstvertrauen.
- Mit Träumen helfen wir Kindern auf natürliche Weise und ohne Extraaufwand, eine Vielzahl wichtiger Fähigkeiten zu entwickeln. Um nur einige zu nennen: Im Sprechen über Träume trainieren Kinder ihr Erinnerungsvermögen und ihre sprachliche Ausdrucksfähigkeit. Die besondere Gesprächssituation schafft aber vor allem die besten Bedingungen dafür, dass Kinder wichtige emotionale und soziale Kompetenzen entwickeln.
- Die Arbeit mit Träumen eröffnet Wege, um spirituelle Bedürfnisse zu befriedigen. Kinder erfahren, dass Lebenszufriedenheit und Glück nicht von Zufällen oder äußeren Bedingungen abhängen.

Bevor Sie die Schatzkammer öffnen, bevor wir Ihnen also ganz konkret verraten, wie Sie Traumgespräche führen können, haben wir diesem Buch zwei einführende Kapitel vorangestellt. Im ersten Kapitel, in dem es um die Beziehung zu Ihrem Kind und die Rolle der Träume geht, stellen wir die unschätzbaren Vorzüge von Traumgesprächen heraus. Im zweiten Kapitel betrachten wir das Wesen der Träume aus einer modernen Perspektive. Im dritten Kapitel erhalten Sie schließlich einen Leitfaden, anhand dessen wir Sie in klar nachvollziehbaren Schritten darauf vorbereiten, wie Sie mit Ihrem Kind so über seinen Traum sprechen können, damit daraus ein erhellendes Erlebnis wird. Dazu stellen wir Ihnen verschiedene Gesprächs- und Fragetechniken vor, die Sie leicht umsetzen können. Mit den anschließenden Gesprächsbeispielen bekommen Sie einen guten Eindruck davon, wie man Traumgespräche führen kann, welche erstaunlichen Erkenntnisse sie hervorbringen und wie man diese praktisch verwerten kann.

Worauf gründet dieses Buch? Alle unsere Erfahrungen entspringen der täglichen Arbeit mit Kindern und Jugendlichen in Schulen und Beratungsstellen. Wir fördern, stärken und begleiten Eltern, Kinder und Jugendliche, arbeiten mit Familien und bilden ErzieherInnen aus. Darüber hinaus führen wir Traumseminare für Erwachsene und Kinder durch. Unsere beruflichen Erfahrungen in allen diesen Bereichen zeigen immer wieder, wie sehr Kinder in ihrer Entwicklung darauf angewiesen sind, als Person mit allen Stärken, Schwächen, widersprüchlichen Gefühlen und manchmal seltsamen Bestrebungen gesehen zu werden. Jede positive Veränderung beginnt nach unserer Auffassung mit diesem uneingeschränkten »Ja« zum Kind. Das mag uns sonnenklar vorkommen und doch wissen Eltern, wie schwer es sein kann, diesem Anspruch im Alltag gerecht zu werden. Oftmals wissen wir nicht, was unser Kind gerade umtreibt, oder wir sind so sehr mit unseren eigenen Zielen beschäftigt, dass wir darüber wichtige Beziehungsbedürfnisse vernachlässigen. Träume und Traumgespräche helfen, uns zu »erden«, immer wieder das uneingeschränkte »Ja zum Kind« zu pflegen. Der Schlüssel zu diesem »Ja« führt über das Verstehen.

Was meinen wir damit? Nicht nur Kinder, wir alle brauchen andere Menschen, die uns von Zeit zu Zeit dabei behilflich sind, Ordnung in unserem Inneren zu schaffen. Unordnung äußert sich bildlich gesprochen vor allem in dem, was uns im Moment stört, was nicht zu dem passt, was wir schon besitzen oder wofür wir in unserem Leben gerade keinen Platz haben. Auch Kinder werfen so manches lästige Thema erst einmal in die Ecke, um nicht darüber zu stolpern: Gefühle wie Neid und Eifersucht auf den kleineren Bruder; Angst davor, als schwächlich, dumm oder faul zu gelten, wenn man das Sportabzeichen nicht schafft; oder die Ohnmacht, wenn sich Mama und Papa streiten. Solche bedeutenden Seelenbewegungen sind häufig der Stoff, aus dem die Träume sind. In Traumgesprächen erfahren Eltern viel über die Hintergründe und die Entstehung solcher Gefühle. Sie können leicht nachvollziehen, was in ihrem Kind vor sich geht und können dies deshalb authentisch zum Ausdruck bringen: »Jetzt ist es mir klar: Die Maus im Traum sitzt ganz ängstlich unter dem Bett und rührt sich nicht vom Fleck. So ergeht es dir auch immer, wenn ich mich mit Papa streite. Es muss wirklich schlimm für dich sein, nichts dagegen tun zu können.« Mit einem solchen verstehenden »Ja« helfen Eltern ihrem Kind, regelmäßig Ordnung in ihren Seelenhaushalt zu bringen und damit »Ja« zu sich selbst zu sagen.

Wir sind davon überzeugt, dass Menschen grundsätzlich alle Fähigkeiten besitzen, um anderen dabei zu helfen, mehr Klarheit über sich selbst und ihre Beziehung zu anderen zu erlangen – um nichts anderes geht es in Gesprächen über Träume. Sie brauchen weder Therapeutin noch Seelsorger zu sein, denn fast jeder Mensch hat von Geburt an erfahren, wie wohltuend und stärkend es ist, wenn sich uns eine vertraute Person – anfangs die Mutter, später Freunde, Geschwister oder der Partner – einfühlsam zuwendet. Diese Erfahrungen bilden eine Art »emotionales Gedächtnis«, das als Wegweiser in der Gestaltung guter Beziehungen fungiert. Es ist gleichzeitig die Basis dafür, dass Traumgespräche zwischen Eltern und Kindern gelingen können. Eltern mögen aus verschiedenen Gründen zeitweise vom Weg abkommen und vergessen haben, wie sich der intensive Kontakt zu ihrem Kind anfühlt und wie sie ihn wieder pflegen können. Doch üblicherweise müssen sie die dafür notwendigen Fähigkeiten nicht von Grund auf neu lernen, sondern nur wiederbeleben und anwenden. Warum nicht nach dem Weg fragen oder sich von jemandem ein Stück begleiten lassen? Wir werden Sie in diesem Buch eine Zeit lang an die Hand nehmen, bevor Sie schließlich ganz alleine mit Ihren Kindern die ersten Traumausflüge starten und interessante Entdeckungen machen.

Wir wünschen Ihnen viel Spaß dabei!

Die Beziehung zu meinem Kind und welche Rolle die Träume dabei spielen

Über unsere Familienbeziehungen denken wir meistens erst dann nach, wenn es Probleme gibt. Wenn die Kinder unsere Bitten schon länger nicht mehr hören und wir meinen, nur noch mit Strafen und Drohungen durchzukommen. Wenn sich die 12-Jährige gleich nach dem Essen für den Rest des Tages vor den Computer verzieht und man sich nur noch angesprochen fühlt, wenn es dringend etwas zu erledigen gibt, das alleine nicht zu bewerkstelligen ist. Dabei sind die eigenen Sorgen, über die man auch gerne mal mit jemandem sprechen würde, noch nicht mitgerechnet. Irgendwie fühlt man sich ausgelaugt, zu wenig beachtet und in dem, was man tagtäglich leistet, nicht genügend anerkannt. Das ist bei Kindern wohl kaum anders als bei Erwachsenen. Schließlich ist die Familie der Ort, von dem die meisten Menschen erwarten, dass er ihre Bedürfnisse nach Zugehörigkeit, Wärme und Vertrauen am ehesten erfüllt. Doch was macht das Zuhause eigentlich zu einer Art Tankstelle, an der wir den richtigen Treibstoff für das manchmal raue Leben da draußen nachfüllen können? Sicher gibt es auf diese Frage mehr als eine Antwort, je nachdem aus welchen Erfahrungen und Erlebnissen Eltern und Kinder besonders viel Kraft schöpfen. Doch ganz egal, ob man gerne zusammen Sport treibt, ins Kino geht oder kocht – immer wird es darauf ankommen, sich dabei wieder einmal genauer anzuschauen, positive Seiten und Besonderheiten am anderen neu oder wieder zu entdecken. Und das ganz ohne Druck und äußere Not, ganz einfach indem man miteinander spricht.

Ganz klar, wie es uns in der Familie geht, hängt sehr davon ab, ob wir uns regelmäßig Zeit für gute Gespräche nehmen. Sie sind sozusagen das Kraftfutter für ein entspanntes Familienleben. Doch nicht jedes Gespräch macht auch seelisch satt. Bei manchen scheinen wir sogar zu verhungern. Selbst wenn Eltern und Kinder viel und gerne reden, heißt das nicht, dass sie wirklich miteinander sprechen. Man redet oft genug eher aneinander vorbei als miteinander. Papas Vortrag beim Mittagessen über die neuesten politischen Ereignisse, die uns vielleicht alle irgendwie etwas angehen. Das interessiert aber im Moment niemanden. Und Mama? Sie fragt jeden Tag, wie es in der Schule war, aber nur, weil man das eben so macht oder um schnell das Nötigste zu erfahren. Mit einem knappen »ganz okay« ist sie einverstanden, denn sie ist schon zufrieden, wenn es keinen Ärger gab. Natürlich sagt sie das nicht, aber man sieht, dass sie es denkt. Ein wirkliches Gespräch ergibt sich selten aus klugen Vorträgen. In wertvollen Gesprächen geht es nicht darum, sein aufgestautes Erzählbedürfnis zu stillen und andere dazu zu benutzen, alles aufzunehmen, was einem gerade einfällt.

Ziel ist es auch nicht, sich mal schnell im Vorbeigehen nach der Befindlichkeit des anderen zu erkundigen. Gute Gespräche leben mehr vom Zuhören als vom Sprechen und brauchen Zeit, um sich zu entwickeln. Man erkennt sie wohl am ehesten daran, dass sich die Gesprächspartner aufeinander beziehen. Das geschieht dann, wenn wir uns offen und neugierig auf andere zubewegen. Wir merken das bereits an der Art, wie wir fragen. Aus dem »Wie war's in der Schule?« wird dann vielleicht ein »Magst du erzählen, wie es gerade mit den Projektarbeiten läuft?« Erst wenn wir miteinander sprechen, können wir uns wirklich verständigen.

Über Traumerzählungen von Kindern gelingt es besonders gut, mit Kindern so zu sprechen, dass jeder dem anderen ein gutes Stück näherkommt. Das klappt natürlich nicht von selbst sondern nur, wenn Eltern mit einer besonderen Haltung und innerlich überzeugt an die Arbeit mit Träumen herangehen. Damit dies besser gelingt, möchten wir Sie in den folgenden Kapiteln mit den zahlreichen Vorteilen und Möglichkeiten bekanntmachen, die in Traumgesprächen enthalten sind. So viel aber schon jetzt: Wenn Kinder einen Traum erzählen wollen, ist es so, als schenkten sie ihren Eltern eine Eintrittskarte, die ihnen gleich in zwei Richtungen Zutritt verschafft: Zum einen zur Bühne des Traums, auf der ein Stück aus dem kindlichen Seelenleben uraufgeführt wird. Und zum anderen zu einem Workshop, bei dem man lernt, mit Kindern so zu sprechen, dass dabei jeder richtig satt wird.

Zeit für Kinderträume?

Es ist Montagmorgen, 7.30 Uhr, bei Familie K.: »Schnell, schnell wir müssen in den Kindergarten – ich komme sonst zu spät zur Arbeit. Luisa, kannst du denn deine Schuhe immer noch nicht alleine binden? Ja und Maaartin: Kaufst du heute mal ein – ich war letztes Mal dran.«

Ein Ausschnitt aus dem Familienalltag, wie ihn sicher viele Eltern kennen. Beruf, Haushalt, Kinder, Ansprüchen von Chefs, Partnern und Eltern gerecht werden und versuchen, alles unter einen Hut zu bringen. Da drängt sich die Frage auf, ob es nichts Wichtigeres gibt, als mit Kindern über ihre Träume zu sprechen. Die Hausaufgaben, Hamsterkäfige sauber machen, danach das Turnzeug richten, bevor es zum Sport geht. Eigentlich halten einen Traumgeschichten doch nur auf und meistens verstummen sie auch unter dem lauten Tönen des Sollens und Müssens. Natürlich steckt keine böse Absicht dahinter, wenn Mama oder Papa die Traumerzählerin vertrösten: »Schön, dass du was geträumt hast, aber ich muss dringend noch telefonieren. Vielleicht erzählst du mir deine Geschichte nachher auf der Fahrt zum Einkaufen.« Kinder entnehmen solchen Äußerungen oft mehr: Sie bekommen mit, dass bestimmte Anliegen für Ihre Eltern nicht interessant sind – und dazu gehören offensichtlich ihre Träume. Ist die Beschäftigung mit Träumen tatsächlich Zeitverschwendung oder reiner Luxus angesichts von Terminstress und wichtigeren Dingen, die es zu erledigen gibt? Sicher nicht, denn Eltern wollen sich ja auch bewusst Zeit für all die kleinen und großen Fragen ihrer Kinder nehmen. Die meisten Mütter und Väter pflegen deshalb gerne sogenannte Qualitätszeiten mit ihren Kindern. Auch wenn es nur die täglichen zehn Minuten sind, die man abends an ihrem Bett sitzt. Zeiten, in denen man nur für sein Kind da ist, zusammen spielt oder gemeinsam am Fahrrad herumschraubt, werden als Guthaben auf dem Beziehungskonto verbucht. Während solcher intensiven Beziehungszeiten scheinen wir uns wieder auf unsere zwischenmenschlichen Bedürfnisse zu besinnen. Über einen Traum zu sprechen, ist eine zusätzliche Möglichkeit, um solche Qualitätszeiten mit Kindern zu verbringen.

Jeder kennt kürzere und längere Zeitspannen, die man nicht bewusst mit bestimmten Tätigkeiten verbringt. Zeiten, in denen wir uns mehr treibenlassen, als dass wir aktiv ein bestimmtes Ziel anstreben. Man entscheidet sich kaum dafür, von 13.00 Uhr bis 13.15 Uhr die vorbeiziehenden Wolken am Himmel zu beobachten oder mal wieder seinen Gedanken an vergangene Zeiten nachzuhängen, während man alte Fotos durchstöbert. Wir verlieren uns in Gedanken und überlassen uns den dabei aufkommenden Gefühlen. Solche kleinen Fluchten oder Tagträume schleichen sich meist unbemerkt ein, sind aber keineswegs vertane Zeit. Denn hinterher gehen wir erfrischt und oft mit ganz neuem Elan wieder an die Arbeit. Obwohl wir dabei von außen betrachtet nichts tun, scheint doch Wesentliches zu passieren. Ohne es uns bewusst vorzunehmen, verwirklichen wir auf diese Weise ein

Stück persönliche Freiheit. Um uns zu entspannen und abzuschalten, wechseln wir vom Modus des Tuns in den Modus des Seins. Im Modus des Seins lassen wir Ziele und Pläne außer Acht. Man entspannt, indem man seine Aufmerksamkeit auf sich selbst und das lenkt, was in diesem Augenblick geschieht. Ganz Ähnliches geschieht, wenn wir nicht nur Tagträume, sondern auch die nächtlichen Träume in unser Leben lassen. Man kann sich zusammen den Hund im Traum genauer anschauen. »Was hatte denn der Hund für ein Fell – wie hat es sich angefühlt, als du ihn gestreichelt hast?« »Hättest du dir gewünscht, dass der kleine Hund bei dir bleibt?«

Wesentlich ist wohl, dass wir uns ganz auf die Traumbilder und damit auf Erlebtes einlassen. Kinder erfahren dabei, wie es ist, bei sich zu bleiben – und Eltern zeigen, dass ihnen die Vorstellungen ihres Kindes wichtig sind. Natürlich ist es nicht immer möglich, einem Traum gerade dann die Tür zu öffnen, wenn er anklopft. Träume kündigen sich nicht frühzeitig an und Kinder fragen nicht vorher, ob wir uns gerade darauf einlassen können. Träume werden spontan erzählt, und wenn die Zeit dafür gerade nicht da ist, können wir sie doch zumindest willkommen heißen und das kindliche Gesprächsangebot würdigen: »Du hast geträumt? Deine Geschichte interessiert mich sehr. Was hältst du davon, wenn wir uns später darüber unterhalten? Wir kochen uns einen Tee und machen es uns dabei gemütlich.« Warum nicht öfter solche persönlichen Interessen über den Alltag stellen? Diese Frage drängt sich auch deshalb auf, weil man viel zu oft Zeitfresser in sein Leben lässt, die einen eigentlich gar nicht zufriedenstellen. Wenn es etwa jeden Tag um 18.00 Uhr heißt: Bitte nicht stören, jetzt ist Fernsehzeit. Ob nun Kindersendung X oder Soap Y – Fernsehsendungen sind Produkte, die von fremden Menschen gemacht werden. Regisseure, Produzenten und Verantwortliche eines Senders. Ihr Programmangebot ist auf ein Massenpublikum abgestimmt. Was wir dabei aufnehmen, kann für das eigene Leben kaum sinnstiftend sein. Mit dem Beziehungsangebot des 5-Jährigen, der uns seinen Traum anvertrauen will, sind wir hingegen als menschliches Gegenüber gefragt. Wir sind wichtig und werden gebraucht – gibt es Sinnvolleres als sich immer wieder darauf einzulassen? Die Antwort wird Ihnen leichtfallen, wenn Sie sich Ihre Familie und sich in zwanzig Jahren vorstellen. Woran werden Sie sich wohl eher erinnern: An die Vorabendserien oder Kindersendungen oder an so manches sonntägliche Frühstück, bei dem Sie die Zeit vergessen haben, weil Sie und Ihre Familie sich so viel zu sagen hatten? Wenn wir uns diesen Zusammenhang bewusstmachen, werden wir auch Traumerzählungen von Kindern ganz anders begegnen. Uns wird bewusst, dass es dabei um Menschen geht, die uns besonders nahestehen und ein Leben lang mit uns verbunden sind. Der Traum ist keine Story, die sich irgendjemand ausgedacht hat, um sie als Massenprodukt möglichst gut zu vermarkten. Er ist das geistig-seelische Schaffenswerk des eigenen Kindes.

Nun mögen Sie sagen »schön und gut, aber das Fernsehen ist für uns einfach nur unterhaltsam«. Bestimmt haben Sie auch schon den einen oder anderen Traum gehört, der in seinem Unterhaltungswert einem spannenden Thriller oder Abenteuerfilm in nichts nachstand. Sollten Sie sich also dabei beobachten, wie sie 5 Minuten am Bett Ihres Kindes sitzen, um sich den tollen Traum mit dem fliegenden Pferd anzuhören, dürfen Sie stolz auf sich sein. Sie haben sich nicht nur Zeit dafür genommen, Sie haben Ihrem Kind auch vorgelebt, was Ihnen in Ihrer Familie wirklich wichtig ist. Ihr Kind erfährt, dass es darauf ankommt, sich dafür zu interessieren, wie der andere denkt und fühlt. Ganz sicher macht es aber auch stolz und selbstbewusst, selbst über seine Freizeit zu bestimmen und sich nicht widerstandslos den vielen Angeboten der dröhnenden Freizeitindustrie zu überlassen.

Wie Träume glücklich machen

Wir erinnern uns noch gut an die Begegnung mit Simon und Achim, zwei 12-jährigen Jungen aus unserem Bekanntenkreis. Sie ergab sich zufällig: Wir waren bei den Eltern einer der beiden eingeladen. Dort saßen wir bei schönem Wetter im Garten. Simon wusste, dass wir uns mit Träumen beschäftigen. Dazu hatten die zwei viele Fragen: »Warum interessiert ihr euch eigentlich für Träume?« Oder: »Wie kommt es, dass man sich an bestimmte Träume noch nach Jahren erinnert, andere aber schon beim Aufwachen wieder vergisst?« Daraus ergab sich ein angeregtes Gespräch, und es kam, wie wir es oft erleben, wenn es um das Träumen im Allgemeinen geht: Bald wurden eigene Träume erzählt – solche, die längere Zeit zurücklagen aber immer noch faszinierten, oder gerade der letzte erinnerte Traum von vor ein paar Tagen. Simon und Achim waren sichtlich froh darüber, jemanden gefunden zu haben, der ein offenes Ohr für ihre Geschichten hatte. Zu gerne würden sie, wie sie sagten, »schlau« aus ihnen werden. Zusammen versuchten wir, dem Sinn und Ursprung der Traumerfahrungen auf die Spur zu kommen. Hoch konzentriert aber dennoch mühelos gelang es uns schließlich, das Traumgeschehen mit dem in Zusammenhang zu bringen, was sich im Leben von Achim und Simon abspielte. Dabei führten uns die Traumbilder in Ecken und Winkel der seelischen Behausung, in denen man sich nur selten richtig umschaut. Das Traumbild vom alten gemütlichen Ohrensessel, in dem man sich so klein und verloren fühlte, war plötzlich mit Leben erfüllt, als der Träumer erkannte, was sich dahinter verbarg: Die Sorge um den kranken Großvater und die Angst, er könne bald sterben. Die Traurigkeit darüber, von niemandem mehr die Geschichten von früher zu hören. Von solchen Ängsten und Gefühlen wollte man selber nichts wissen, und auch die Eltern konnte man nicht damit belasten. Vielleicht spürte man zu genau, dass die Mama selbst Schwierigkeiten hatte, das nahende Lebensende des eigenen Vaters als unabwendbare Tatsache zu akzeptieren.

In stummer Übereinstimmung fanden wir mit solchen Überlegungen bestätigt, was unsere beiden jungen Gesprächspartner nur vermuteten: Träume sind alles andere als nutzlose Hirngespinste. Sie stärken die Verbindung zu uns selbst, und das auf besonders interessante, oft sogar leichte und unterhaltsame Weise. Dass dabei fast zwei Stunden vergangen waren, schien niemandem aufgefallen zu sein. Keiner sah auf die Uhr oder rutschte nervös hin und her. Niemand verließ den Tisch oder wollte das Thema wechseln.

Man kann wohl sagen, dass die Begegnung mit Achim und Simon so etwas wie eine intensive Glückserfahrung war. Keine von der lauten Art, die glanzvoll und mit Pauken und Trompeten daherkommt. Nicht die Art von Glück, welches sich einstellt, wenn man eine Prüfung besteht oder stolz auf einer Siegertreppe steht. Viel eher ist das, was wir im Gespräch erlebten, als stilles, wärmendes Glücksgefühl zu beschreiben. Wodurch wurde es hervorgerufen? Zwei Heranwachsende, die wir kaum kannten, ließen uns an ihren Ideen und Erfahrungen mit Träumen teilhaben. Wir sprachen mit ihnen nicht über irgendetwas Alltägliches – das Wetter oder den neuesten Stand der Bundesligatabelle – sondern über wichtige Beziehungen. Den Großvater, um den man Angst hat, die Kränkung, weil man von jemandem zurückgewiesen worden war oder die Herausforderung, einem Freund gegenüber mal ganz ehrlich seine Meinung zu sagen. Solche persönlichen Themen verbinden Menschen, weil jeder sie kennt. Doch braucht es die richtige Atmosphäre, um offen darüber zu sprechen. Aber selbst dann ist es nicht selbstverständlich, dass man sich menschlich berührt fühlt.

Unsere Erfahrungen zeigen immer wieder, dass Träume eine Art Verständigungsbrücke sind – auch und gerade dann, wenn man sich nicht gut kennt oder wenn es schwerfällt, von sich zu reden. Jeder Mensch träumt, und die meisten Menschen erinnern sich ab und zu an einen Traum. Ob wir wollen oder nicht, Träume berühren uns, lassen uns immer mal wieder aufhorchen oder über uns nachdenken. In fast allen von uns schlummert das Bedürfnis, mehr Klarheit über die Bedeutung dieser mysteriösen Erfahrungen zu gewinnen. Doch wer könnte verstehen, was wir selbst nicht begreifen? Und so behält man eben die verwirrenden Traumgeschichten lieber für sich als sich damit jemandem anzuvertrauen.

Wie es schien, halfen wir Achim und Simon dabei, etwas zu verstehen, wofür es vorher keine Wege gab, um zu Antworten zu kommen. Doch gehen diejenigen, die anderen dabei helfen, einen Traum besser zu verstehen, durchaus nicht leer aus wie wir aus Erfahrung wissen. Glück erfahren wir ja nicht nur dann, wenn wir etwas von anderen bekommen, sondern gerade dann, wenn wir für andere etwas tun können. Man fragt genau nach und hilft damit dem Kind, seine Gefühle zu erkunden, sie zu beschreiben und sie zu verstehen. Auch Sie als Eltern kann das fraglos stolz und glücklich machen, denn Sie verhelfen Ihrem Kind dadurch zu einer verbesserten Selbstwahrnehmung. Dabei sollte man sich keine übertriebenen Sorgen machen, dass man mit neugierigen Fragen die Intimsphäre des Erzählers verletzt. Kinder und Jugendliche signalisieren, wenn es ihnen unangenehm wird. Aus

Erfahrung wissen wir aber, dass die meisten Kinder sich freudig öffnen, um ihre Träume zu erkunden. Auch bei Achim und Simon hatten wir zu keinem Zeitpunkt das Gefühl, mit unseren Fragen Grenzen zu verletzen. Im Gegenteil, unsere beiden Gesprächspartner fühlten sich dadurch beflügelt, selbst nach Sinn und Bedeutung der Traumbilder zu suchen.

Gespräche über Träume machen also beide Seiten zufrieden: Denjenigen, um dessen Traum es geht, und denjenigen, der beim Traumverstehen hilft. In unserem Beispiel finden sich aber noch andere »Glücksspender«. Wir erlebten während unserer Spurensuche im Traumland eine Art »Flow«. Nicht nur Maler, Musiker oder Schriftsteller kennen diesen Glückszustand, jeder von uns kann »Flow-Erlebnisse« haben, wenn er völlig in eine Tätigkeit versunken ist. Man ist in diesem Zustand nur auf eine Sache, ein Thema oder eine Arbeit konzentriert und wie besessen davon, diese Aufgabe so gut wie möglich zu machen. Für solche Aufgaben und Ziele können wir nur aus eigenem Antrieb motiviert sein. Flow entsteht kaum, wenn uns jemand sagt: »Mach dies oder mach das.« Völliges Versunkensein in eine Beschäftigung kann durchaus auch aus dem Wunsch heraus entstehen, sich selbst besser begreifen und verstehen zu wollen. Unsere beiden Freunde arbeiteten nicht deshalb an ihren Träumen, weil wir ihnen dazu rieten, sondern weil sie es selbst wollten. Wie unser Beispiel zeigt, laden Träume dazu ein, Sachverhalte von verschiedenen Seiten zu betrachten, nach Assoziationen zu fahnden und manchmal in präziser Kleinarbeit Geschehnissen auf den Grund zu gehen. Alles mit dem Ziel, ein Geschehen einordnen und besser verstehen zu können. Mit Träumen zu arbeiten kann überaus anregend und motivierend sein. Endet ein Gespräch dann auch noch mit einem: »Ah ja, jetzt begreife ich«, ist es gerade so, als verwandelte sich die Fee im Traum in eine Glücksfee.

Hat sich das beschriebene Glücksgefühl beim Gespräch mit den Jungen vielleicht nur zufällig eingestellt und war von ganz anderen Bedingungen abhängig als von unserem Traumgespräch? Natürlich war es Zufall, dass uns Simon und Achim sozusagen über den Weg gelaufen sind. Die beiden waren gute Freunde und zufällig im Haus, als wir eintrafen. Es war Wochenende, wir waren entspannt und hatten Zeit. Wir alle genossen es, lange draußen in der Sonne zu sitzen und manches mehr, das den Kontakt zueinander förderte. Doch hätten wir die Fragen der Jugendlichen nur knapp und unbeteiligt beantwortet und uns nur auf einen »Smalltalk« beschränkt, wären die beiden sicher schnell verschwunden gewesen. Und wir hätten eine wesentliche Beziehungserfahrung verpasst. Nein, das war kein Zufall. Das Glückspotenzial in Träumen liegt in aufrichtigen Begegnungen mit anderen Menschen. Es hängt von uns selbst ab, ob wir es nutzen wollen oder brachliegen lassen.

Mit Kindern auf Augenhöhe sprechen

Eltern sagten uns immer wieder ganz offen oder durch die Blume, dass sie sich schwer damit tun, mit ihren Kindern über Träume zu sprechen. Da mögen Zweifel und Fragen mitspielen wie die Folgenden: Was, wenn Susanne nicht mehr aufhört zu erzählen? Ihren verworrenen Geschichten kann man kaum länger als zwei Minuten folgen. Womöglich ist die Hälfte davon ausgedacht?

Kinder erleben ihre Umgebung ganz anders als Erwachsene.

Für sie ist alles interessant, fantastisch und aufregend. Kindergartenkinder erzählen genau das, was sie erleben und sich vorstellen. Sie halten nichts zurück und sortieren nicht ängstlich aus. Das gilt auch für ihre Traumerzählungen. Da treten Eltern in einen neuartigen und oft ungewohnten Kontakt mit ihren Kindern. Sie verlassen für eine Zeit die Plattform der Erwachsenenwelt und gehen ein paar Stufen hinunter, um ihrem Kind auf Augenhöhe zu begegnen. Wie unterscheidet sich diese Begegnung von der sonst üblichen Art, mit Kindern zu sprechen und was bringt es, sich rechtzeitig darin zu üben?

Wir sind es gewohnt, mit Kindern auf eine bestimmte Art umzugehen. Wir leiten sie an, erklären wie etwas geht, weisen zurecht, loben oder schimpfen mit ihnen. All das zielt darauf ab, Kinder zu erziehen. Man bemüht sich weniger darum zu verstehen oder herauszufinden, was sie bewegt und was sie uns zu sagen haben. Ohne sich dessen bewusst zu sein, glauben viele Erwachsene, dass Kinder kaum wirklich Wichtiges zu erzählen haben – jedenfalls nichts, was sie nicht selbst bereits wissen. Gespräche, die einen weiterbringen, können nur Erwachsene untereinander führen. Doch was passiert tatsächlich, wenn wir lange und konsequent genug nach dieser Überzeugung handeln? Kinder fühlen sich nicht ernst genommen, die ursprüngliche Mitteilungsfreude versiegt, die Beziehung zum Kind wird irgendwie blutleer, weil man immer weniger voneinander weiß. Ganz nebenbei verpassen wir eine ganze Menge, denn Kinder halten uns mit ihrer eigenen Art zu denken und die Welt zu sehen geistig auf Trab. »Können Schnecken auch traurig sein?« Solche Kinderfragen versetzen uns in Staunen und wir müssen uns für so manche Antwort ganz schön anstrengen.

Wenn Eltern und Kinder auf Augenhöhe miteinander sprechen, pflegen sie die Art von Umgang miteinander, die immer wichtiger wird, je älter Kinder werden. Im Kindergarten- und Grundschulalter mag die Erzählfreude von Kindern noch ungebrochen sein und wir haben vielleicht das Gefühl, sie mehr bremsen als zum Sprechen ermutigen zu müssen. Eltern erfahren immer noch so viel von ihren Kleinen, dass die Verbindung zwischen ihnen stark genug ist, um auch kleine Hindernisse beim Aufwachsen gemeinsam zu überwinden. Werden aus Kindern Teenies, kann sich das Blatt schnell wenden: Aus ehemaligen Quasselstrippen werden nicht selten wortkarge Halbwüchsige. Zumindest von den Eltern lassen sie sich auch mit den geschicktesten Tricks nicht mehr dazu bewegen, etwas über sich zu erzählen. Spätestens hier zeigt es sich, wie wir es in der Kinderzeit mit guten Gesprächen in der Familie gehalten haben. Machten Jugendliche bereits als Kind die Erfahrung, dass man sich für ihre Geschichten interessiert und ihnen zuhört, werden sie auch später noch gern von sich erzählen. Eltern müssen sich dann weniger Sorgen machen, behalten den notwendigen Überblick und halten einen innigen Kontakt zum Kind.

Traumgespräche sind anders

Was ist so Besonderes daran, mit Kindern über Träume zu sprechen? Sind Eltern nicht auf ein und dieselbe Art und Weise gefordert, ob sie sich nun die neuesten Berichte aus dem Judoclub oder den Traum der letzten Nacht anhören? Nicht ganz, wie wir an folgendem Beispiel darstellen möchten.

Lars wirkt zerknirscht, als er von der Schule nach Hause kommt: Wieder nur eine Vier in Mathe, der blöde Herr Strom kann eben nichts erklären. Lars' Vater darauf: »Ich hab mich in deinem Alter so lange hingesetzt bis ich es kapiert habe, da hat mir kein Lehrer geholfen. Wie wär's, wenn du dich ein bisschen mehr anstrengst?« Lars: »Schon klar, dass du alles besser weißt.« Der Dialog zwischen Vater und Sohn findet ein für beide frustrierendes Ende. Was ist passiert?

Wenn Kinder uns von ihren Erlebnissen in der Schule, im Kindergarten oder beim Spielen mit Freunden berichten, läuft noch während wir zuhören in unserem Kopf ein Film ab. Ohne dass uns das klar ist, schätzen wir ein, von welcher Art die Mitteilung ist. Wichtig oder unwichtig? Angenehm oder unangenehm? Gut oder schlecht? Haben wir entschieden, dass das Thema wichtig genug ist, steigen wir richtig ein und sind von da an gedanklich bei der Sache. Dann fangen wir meistens an, das, was wir hören, zu ordnen. Wir sind damit beschäftigt, Vorgänge zu erklären, zu bewerten, wir suchen nach Alternativen oder Lösungen. Warum ist es so und nicht anders gelaufen? Was wäre die bessere Reaktion gewesen? Was lief gut, was weniger gut?

Ohne es zu bemerken, vergleichen wir die berichteten Gegebenheiten mit unseren eigenen Erfahrungen. Geht es zum Beispiel darum, Lösungen zu finden, folgen wir bestimmten Regeln, die sich bei ähnlichen Problemen bewährt haben. Dieses regelgeleitete Vorgehen ist natürlich wichtig, denn sonst könnten wir die vielen, oft unüberschaubaren Anforderungen, die täglich auf uns einprasseln, kaum bewältigen. Wir bleiben handlungs- und entscheidungsfähig, indem wir Unwichtiges ausblenden und eintreffende Informationen in entsprechende Kategorien einteilen. Andererseits wirkt sich diese »wohl organisierte« Art der Wahrnehmung und des Denkens nicht immer günstig auf unsere Beziehungen aus. Unser Beispiel zeigt es: Für Lars' Vater ist die Sache längst klar: Lars hat wieder mal zu wenig gelernt. Jetzt schiebt er das Problem auf seinen Lehrer. Andere mögliche Gründe für Lars' Schwierigkeiten blendet der Vater aus.

Wir können davon ausgehen, dass sich auf diese Weise nicht nur Konflikte schwerer lösen lassen. Auch viele Möglichkeiten, andere Menschen näher kennenzulernen und Freunde zu gewinnen, dürften ungenutzt bleiben, weil das vorurteilsfreie Zuhören so schwerfällt. Fortwährendes Sortieren, Bewerten und Beurteilen ist uns zur zweiten Natur geworden. Und genau dadurch errichten wir immer wieder unbemerkt Schranken zu unserem Gegenüber. Damit müssen wir uns aber keineswegs abfinden. Gerade wenn wir über Träume reden, können wir lernen, uns ganz auf die erzählte Geschichte zu konzentrieren. Das auch für uns oft anstrengende Bewerten tritt mehr und mehr in den Hintergrund.

Machen Sie dazu einfach das folgende Experiment: Stellen Sie sich vor, Ihr Kind erzählt Ihnen folgenden Traum:

> *Da war ein großer rosa Frosch. Der hüpfte in einen großen Karton. Weißt du, der, in dem unser neuer Fernseher verpackt war ...*

Amüsiert Sie die erzählte Szene? Sind Sie belustigt oder hat Sie Ihre Neugier geweckt?

Jedenfalls werden Sie bemerkt haben, dass sie Sie nicht dazu einlädt, irgendetwas daran gut oder schlecht, richtig oder falsch zu finden. Ein Traum ist nun einmal ein Traum. Was dabei geschieht, unterliegt nicht unserer Kontrolle. Somit macht es wenig Sinn, darüber zu urteilen. Was noch dazu kommt: Wir durchschauen die Zusammenhänge nicht unmittelbar und können mit unserem Wissen und unseren Erfahrungen gar nicht darauf antworten. Wir können also ganz gelassen zuhören, wenn uns Kinder ihren Traum erzählen. Wir können und brauchen nichts von all dem, was in einem Traum geschieht, bewerten oder beeinflussen – unsere Informationssortiermaschine im Kopf darf eine Pause einlegen.

Über Träume sprechen heißt Kinder begleiten

Sie wissen bereits: In Gesprächen über Träume geht es darum herauszufinden, was Kinder bewegt, was sie fühlen und wozu es sie drängt. Solche Ziele streben wir auch in vielen anderen Situationen und Begegnungen an: Wenn sich eine Freundin an uns wendet, weil sie nicht weiß, wie sie sich entscheiden soll, oder wenn wir Kindern helfen, mit Wut oder Enttäuschung klarzukommen. Immer werden wir gefordert sein, achtsam und sensibel mit den eigenen wie mit den Gefühlen und Bedürfnissen anderer umzugehen, damit solche Gespräche erfolgreich verlaufen können. Schauen wir uns mit Hilfe des folgenden Beispiels genauer an, was das heißt.

Leonie weiß nicht, wie sie sich verhalten soll. Eine ihrer beiden Freundinnen fühlt sich von ihr vernachlässigt. Sie beklagt sich darüber, dass Leonie weniger Zeit für sie hat, seit Leonie mit Margit befreundet ist. Leonie fühlt sich unter Druck und erzählt ihrer Mutter davon. Leonie erklärt ihr, wie alles gekommen ist, was sie an jeder ihrer Freundinnen besonders mag, was sie weniger schön findet und wie sie sich selbst eine gute Freundschaft vorstellt. Mama hört zu, fragt immer mal wieder nach, ob sie auch richtig verstanden hat, bis Leonie schließlich befreit und gut gelaunt verkündet: »Ich mag wirklich jede meiner Freundinnen auf ihre Art gern. Das will ich den beiden unbedingt mal sagen. Dann bräuchte niemand mehr eifersüchtig sein und wir könnten mehr zu dritt machen. Ja, das ist eine Superidee.«

Leonie wirkte vor dem Gespräch bedrückt und unsicher, danach gelöst und voller Tatendrang. Dabei hatte ihre Mutter nur zugehört, und die eine oder andere Verständnisfrage gestellt. Was wirkt eigentlich in solchen ganz offensichtlich erfolgreichen Gesprächen? Der Begründer der sogenannten nichtdirektiven Gesprächspsychotherapie, Carl Rogers, gibt hierzu Antworten, die viele Menschen in helfenden und erziehenden Berufen bis heute stark beeinflussen. Rogers geht davon aus, dass jeder Mensch aus sich selbst heraus das Bedürfnis hat, sich zum Positiven hin zu entwickeln. Auch Kinder brauchen von Erwachsenen vor allem eine Art »behutsame Begleitung«. Eltern oder Erzieher formen das Kind nicht nach einem bestimmten Bild. Vielmehr unterstützen sie es dabei, eigene Antworten auf ihre Fragen zu finden. Letztlich zielt diese Theorie darauf ab, dass jeder Mensch zu der Person wird, die er sein möchte. Förderliche Gespräche sind nach Rogers Überzeugung der Schlüssel für persönliches Wachstum.

Im Fall von Leonie kann man durchaus sagen, dass die Mutter als behutsame Begleiterin erfolgreich war, denn Leonie wusste nach dem Gespräch recht genau, was sie selbst tun wollte. Das hätte sie kaum herausfinden können, wenn ihre Mutter Ratschläge erteilt oder ihre eigenen Ansichten zu diesem Thema in den Mittelpunkt gestellt hätte.

Für Carl Rogers ist es die besondere Art, anderen Menschen zu begegnen, die förderlich und heilsam wirkt. Jeder Erwachsene, der Kinder auf diese Art begleiten möchte, sollte dabei drei Grundhaltungen kultivieren. Rogers beschreibt sie als »Bedingungslose Wertschätzung«, »Empathie« und »Kongruenz oder Echtheit«. Wesentlich ist zunächst, das Kind so zu akzeptieren und wertzuschätzen, wie es ist. In dieser Haltung räumen wir Fehlern und Defiziten keinen Platz ein. Stattdessen nehmen wir an, was auch immer das Kind offeriert. Leonies Mutter ist das gut gelungen. Sie nahm Leonie mit ihrer Frage ernst. Das Gefühl, akzeptiert und wertgeschätzt zu werden, hätte sich hingegen kaum herstellen lassen, wenn die Mutter versucht hätte, Leonie zu beschwichtigen: »Ach das kommt vor, dass Freundinnen beleidigt sind, wird sich bald legen.«

Wesentlich ist weiterhin, ob und in welchem Ausmaß man fähig ist, sich in das Kind einzufühlen. Um emotional zu wachsen, sind wir Menschen geradezu auf die aufmerksame und mitfühlende Begleitung vertrauter Menschen angewiesen. Bei Leonie können wir zwar nicht mit Gewissheit sagen, ob dies voll und ganz gelungen ist, denn dazu müssten wir wissen, wie sich Leonie im Gespräch mit ihren Gefühlen wahrgenommen und verstanden gefühlt hat. Es spricht aber einiges dafür, dass auch diese Bedingung hinreichend erfüllt wurde, denn sonst hätte sich Leonie wahrscheinlich schnell verschlossen oder das Gespräch abgebrochen.

Schließlich betont Rogers das Prinzip der Echtheit oder Kongruenz. Hier geht es darum, dem anderen nichts vorzumachen und zum Beispiel nicht zu versuchen, eigene Missstimmungen zu verbergen. Gerade Kinder achten genauer auf körpersprachliche Signale als Erwachsene. Leonie hätte also an der Körperhaltung, am Gesichtsausdruck oder der Stimmlage ihrer Mutter gemerkt, wenn diese innerlich abwesend oder gereizt gewesen wäre.

Fassen wir das Wesentliche zusammen und übertragen es auf Gespräche über Kinderträume:

✿ Das wichtigste Kommunikationswerkzeug des Traumgesprächs ist das Zuhören und Fragenstellen. Im Leitfaden lesen Sie mehr über verschiedene Fragetechniken, die besonders gut geeignet sind, um Kinder dabei zu unterstützen, sich zu öffnen und frei zu erzählen.
✿ Im Sinne der bedingungslosen Annahme und Wertschätzung brauchen Kinder das sichere Gefühl, mit allen ihren Vorstellungen und Gefühlen angenommen zu werden. Die Angst vor dem Säbelzahntiger im Traum ist ebenso real und ernst zu nehmen wie die Angst vor der Spritze des Arztes.

✩ Einfühlsames Verstehen gelingt, wenn wir versuchen, uns in die Lage des Kindes zu versetzen, um nachzuvollziehen, wie ihm in einer bestimmten Situation zumute gewesen sein mag. »Das hört sich so an, als hättest du verzweifelt nach einem Ausweg gesucht.« Wichtige Informationen über Gefühle bekommen wir, wenn wir nicht nur darauf achten, *was* das Kind sagt, sondern auch *wie* es etwas sagt.
✩ Eine kongruente Gesprächshaltung nehmen Eltern ein, wenn ihre Gefühle und Gedanken mit dem übereinstimmen, was sie dem Kind gegenüber ausdrücken. Wer Mühe hat, der verzwickten Geschichte der 7-Jährigen zu folgen, sollte das offen sagen: »Jetzt wird es ziemlich kompliziert für mich und ich kann dir nicht mehr richtig folgen. Kannst du mir noch erzählen, was geschah, nachdem der Säbelzahntiger am Boden lag?«

Träume als Kummerkasten

Seit Wochen ist Anna verändert. Kaum ist sie vom Kindergarten zu Hause, fängt sie an, ihren kleinen Bruder zu ärgern, der eben noch ganz friedlich gespielt hat. Überhaupt wirkt sie unzufrieden, nörgelt viel und gibt freche Antworten. Früher spielte sie stundenlang, jetzt weiß sie nichts mehr mit sich anzufangen. Fragt Mama vorsichtig nach, erntet sie von ihrer 6-Jährigen kaum mehr als ein Achselzucken. Kinder finden selten Worte, um ihren Eltern zu sagen, was ihnen zusetzt. Sie verstecken ihre Kümmernisse viel häufiger hinter einer Maske, die mal nervig und störend – mal still und unnahbar daherkommt. Um herauszufinden, wo der Schuh drückt, braucht man sich eigentlich nur genauer mit den Träumen der Kinder beschäftigen. Träume sind so etwas wie ein Kummerkasten.

Wie ist das zu verstehen? Eigentlich ähnlich wie bei einem richtigen Briefkasten: Man verfrachtet seine Sorgen, Nöte oder Ärgernisse in den Traum, damit sind sie erst einmal vom Tisch. Es ist so, als wenn Kinder ihren Kummer aufschreiben oder Bilder davon malen und sie als Brief in einen eigens dafür vorgesehenen Briefkasten stecken. Wenn der Brief an die richtige Adresse gelangt und tatsächlich gelesen und verstanden wird, brauchen Kinder nicht mehr durch nerviges Verhalten auf sich aufmerksam machen. Der Traum ist gerade für Kinder ein wichtiges Ausdrucksmittel für viele kleine und große Sorgen, die sie nicht in Worte fassen können. Man braucht die Traumpost nur zu lesen.

Warum fällt es Kindern – übrigens auch uns Erwachsenen – oft so schwer, über manche Schwierigkeiten zu sprechen? Warum stecken wir sie in die hintersten Winkel unserer Seelenkammern und sagen nicht einfach, was Sache ist? Eine naheliegende Erklärung könnte sein: Wir haben tagsüber nicht immer die Zeit, um uns mit der nötigen Aufmerksamkeit um all das zu kümmern, was im Moment wichtig für uns wäre. Wir sehen und hören viele Dinge, die uns sehr wohl berühren, können sie aber nicht sofort einordnen, weil wir gerade mit etwas anderem beschäftigt sind. Wir reagieren nicht prompt darauf, obwohl sie es eigentlich wert wären. Kleine Grenzverletzungen wie die doppeldeutige Anspielung auf das neue Kleid: »Na du bist aber mutig – deine Kleiderwahl beweist Risikofreude«, – oder die besserwisserische Unterweisung eines Kollegen können zum Beispiel solche nebenbei auf uns einströmenden unangenehmen Reize sein. Sie beschäftigen uns nachts, wenn wir Zeit für sie haben. Kurz zusammengefasst gilt also: Im Kummerkasten »Traum« landet das, was uns durcheinanderbringt, aufwühlt, stark bewegt und nicht geklärt oder verarbeitet ist.

Der 9-jährige Matthias hat heute in der Schule sein Deutschheft mit einer schlechten Note zurückbekommen. Seiner Mutter sagte er nur, dass er seine Lehrerin doof findet. Die einzige Erklärung, die aus Matthias herauszubekommen ist: »Nur weil sie mich nicht mag, krieg ich schlechte Noten.«

In der Nacht träumt Matthias:

> *Ich war im Klassenzimmer und es sah schmutzig aus. Auf dem Fußboden krabbelten überall Käfer. In einer Ecke stand eine Frau, die guckte ganz böse. Dann wollte ich weg, aber meine Füße klebten am Boden fest.*

Im Traumgespräch entdecken Mutter und Sohn, welchen Kummer Matthias in seinem Traum versteckt hält. Das Traumbild vom unansehnlichen Klassenzimmer und der bösen Frau förderte ein Erlebnis zutage, das Matthias mehr zu schaffen machte, als er zugab: »Gestern beim Austeilen der Hefte ließ mich Frau Eisik nach vorne ans Pult kommen, und da musste ich stehen bleiben, bis sie alle meine Fehler vor der Klasse besprochen hatte. Bestimmt haben die anderen gesehen, dass ich dabei einen ganz roten Kopf bekommen habe.« Offensichtlich hätte Matthias in dieser für ihn peinlichen Situation gerne die Flucht ergriffen. Doch ähnlich wie im Traum fühlte er sich bewegungsunfähig und der Situation hilflos ausgeliefert. Er war froh, als es zur Pause klingelte und er sich ganz schnell mit etwas anderem beschäftigen konnte. Man könnte auch sagen: Matthias verbannte das unschöne Erlebnis und seine damit verbundenen Wut- und Schamgefühle in den Kummerkasten.

In diesem Beispiel stecken aber noch mehr Gründe, weshalb Kinder von unangenehmen Erlebnissen träumen und nicht einfach davon erzählen. Manche Gefühle sind schon für Erwachsene schwer zu beschreiben, wie sollen das dann Kinder können? Fühlt man sich durch eine Situation peinlich berührt oder schuldig, fürchtet man, sich erneut zu blamieren, wenn man sie jemandem erzählt. Ähnlich wie bei Matthias – auch er könnte nicht nur wütend auf seine Lehrerin gewesen sein, sondern sich auch geschämt haben. »Kein Wunder dass ich vor der Klasse stehen musste, ich hatte ja auch die schlechteste Arbeit.« Es ist ganz natürlich, dass man solche widersprüchlichen Gefühle zwischen Wut, Scham und Schuld weit von sich wegschiebt. Sie sind schwer zu sortieren und kratzen manchmal am Selbstwertgefühl.

Vielleicht fragen Sie sich, welche Vorteile es bringt, regelmäßig in den Traumkummerkasten von Kindern zu schauen, um ihn wenn nötig zu leeren. Ist es nicht besser, das unverarbeitete Restmaterial aus den vielfältigen Beziehungsefahrungen dem nächtlichen Selbstreinigungsprozess zu überlassen und nicht weiter daran zu rühren?

Knüpfen wir dazu an Matthias' Erlebnis an: Träume vermitteln oft viel genauer und anschaulicher, wie Kinder bestimmte Ereignisse empfinden. Matthias' Mutter konnte sich nach dem Traumgespräch und über das Bild der am Boden festgeklebten Füße viel besser in die Lage ihres Sohnes einfühlen. Es macht einen großen Unterschied, ob wir von jemandem hören, er habe sich hilflos gefühlt, oder ob wir dazu ein Traumbild haben, das wie in Matthias' Traum dessen Hilflosigkeit spürbar zum Ausdruck bringt. Wir können uns leicht vorstellen, wie ohnmächtig man sich fühlen muss, wenn man mit den Füßen am Boden festklebt und man eigentlich weglaufen will. Mit dieser erhöhten Sensibilität für die kindliche Gefühlslage können Eltern ihr Kind gezielt unterstützen: »Ich habe den Eindruck, dass du unter diesem Erlebnis ziemlich gelitten hast. Was meinst du, würde es dir guttun, wenn wir zusammen mit deiner Lehrerin darüber sprechen?«

In einem umfassenderen Sinn fördert man die Fähigkeit des Kindes, sich proaktiv zu verhalten und nicht einfach abzuwarten, wie sich Beziehungen entwickeln. Man bestärkt es in dem Glauben, selbst Einfluss auf die Umwelt nehmen zu können – eine der wichtigsten Erfahrungen, um das Selbstvertrauen zu stärken. Kinder erfahren dabei auch, wozu ungute Gefühle da sind und wie man sie nutzen kann. Matthias weiß nun, dass auch sein Schamgefühl einen wichtigen Sinn hatte. Es wies ihn darauf hin, dass sein Bedürfnis, geachtet und respektiert zu werden, verletzt wurde. Matthias weiß: Man darf sich ruhig trauen, Stopp zu sagen, wenn andere eine persönliche Grenze überschreiten.

Wenn es mal schwierig ist – dann erst recht!

Seit zwei Tagen redet Daniel nicht mehr mit seinen Eltern. Der Grund ist ein heftiger Streit zwischen Vater und Sohn. Und so kam es dazu: Daniels Lehrer rief zu Hause an und beklagte, dass Daniel seit Wochen keine Hausaufgaben mehr macht. Es gab großen Ärger, Papa schimpfte und es hagelte Vorwürfe und heftige Kritik. Daniel verschwand weinend in seinem Zimmer, nachdem er seinen Vater sagen hörte: »Bei dir haben wir wohl in der Erziehung jämmerlich versagt – das ist jetzt eben das Ergebnis.« Von da an herrschte Schweigen, man ging sich aus dem Weg. Mama versuchte später die Wogen zu glätten, doch Daniel war zu verletzt. Er konnte und wollte nicht darauf eingehen. Am dritten Tag der bedrückenden Sendepause dann die überraschende Wende: »Interessiert ihr euch eigentlich noch dafür, was ich geträumt hab?«, ruft Daniel morgens in Richtung der beim Frühstück sitzenden Eltern.

Wie es scheint, kann man über Träume auch und gerade in eisigen Zeiten wieder leichter zueinanderfinden. Warum aber gerade über Träume? Man könnte doch auch einfach über das Wetter reden oder mit einem »Schwamm drüber« die Sache vergessen. Da gibt es mehrere Gründe: Zum einen kann das Sprechen über Träume eine wichtige Ressource in der Eltern-Kind-Beziehung sein. Daniel und seine Eltern wissen um die wohltuende, stärkende und verbindende Wirkung von Traumgesprächen, sonst wäre Daniel sicher nicht auf die Idee gekommen, gerade mit einem Traum das Schweigen zu brechen. Und Daniel erinnert damit seine Eltern an gute gemeinsame Erlebnisse, an Zeiten, in denen alles gut lief. Daran knüpft er an, nicht an den Streit von vorgestern. Daniel handelt intuitiv richtig, denn erst einmal geht es darum, sich vor neuen Angriffen zu schützen und eine erneute Eskalation des Konflikts zu verhindern. Ziel ist ja, wieder einen Weg zu finden, auf dem man voll Vertrauen und mit neuer Kraft an gangbaren Lösungen arbeiten kann.

Traumgespräche können also eine Art Notproviant für karge Zeiten sein. Gut natürlich, wenn man das Proviantpaket schnürt, solange es genug zu essen und zu trinken gibt, also dann, wenn man gut miteinander auskommt und es keine nennenswerten Gesprächsbarrieren gibt. Und wenn »gelebte Traumarbeit« erst einmal als gute Erinnerung in den kleinen und großen Köpfen kleben geblieben ist, kann sie jederzeit wieder aktiviert werden, auch dann, wenn man sie eine Weile links liegengelassen hat.

Ein weiterer wichtiger Grund, warum es gerade dann sinnvoll sein kann, nach Träumen zu fragen oder darüber zu sprechen, liegt darin, dass wir Kindern mit jedem Traumgespräch das Gefühl vermitteln, grundsätzlich in Ordnung zu sein. Denn durch die besondere Art der Kommunikation werden Interesse und Wertschätzung gefördert. In jedem Traumgespräch schwingt also die wichtige Botschaft mit: »Auch wenn ich nicht damit einverstanden bin, dass du keine Hausaufgaben machst, tut das meiner Liebe zu dir keinen Abbruch.« Kinder brauchen immer wieder solche klaren Signale, die sie in ihrem Grundgefühl bestätigen, geliebt und geachtet zu werden. Fehlt es an dieser grundlegenden Zustimmung, werden Kinder kaum motiviert sein, selbst etwas dazu beizutragen, dass sich die Dinge zum Besseren wenden. Träume können außerdem dabei helfen, konstruktiv mit Konflikten umzugehen. Warum ist das so wichtig und wie soll das gehen?

Ob sich Eltern und Kinder selten oder besonders häufig zoffen, wie sie dies tun und was schließlich daraus wird, hängt von vielem ab: Vom Temperament beider Seiten, von früheren Lernerfahrungen, von den elterlichen Erwartungen oder von denen der Lehrer, Opas, Tanten oder Nachbarn. Sicher ist aber wohl eines: Kinder lernen vor allem in der Familie, wie man eigene Interessen durchsetzt. Natürlich wissen wir mit dem Kopf, dass es darauf ankommt, miteinander zu verhandeln und Kompromisse zu schließen. Doch das ist leichter gesagt als getan, denn wenn wir erst einmal selbst in einen Konflikt verwickelt sind, sehen wir oft nur einen Lösungsweg, nämlich den, den andere zu gehen haben. Man selbst bleibt derweil an seinem vertrauten Platz oder glaubt, genügend guten Willen gezeigt zu haben: »Es ist doch ganz einfach, Daniel braucht sich nur ein bisschen mehr anzustrengen und an die paar Aufgaben zu denken, dann wird es keinen Ärger mehr geben.« Aus der Perspektive des Konfliktpartners stellt sich das Problem jedoch genau umgekehrt dar: »Wenn meine Eltern nur ein bisschen lockerer wären, kämen wir super miteinander klar.« Solche eingleisigen Erklärungen haben meist zur Folge, dass wir alles daransetzen, um den anderen in die für uns richtige Richtung zu drängen. Damit Konflikte uns weiterbringen, müssen wir unsere Perspektive erweitern. Wir sollten uns zunächst auf die Sichtweise, die Beweggründe und Überzeugungen des Konfliktpartners einlassen. Um zu neuen, ungewöhnlichen und für alle Seiten befriedigenden Lösungen zu finden, dürfen wir uns nicht mit dem zufriedengeben, was wir glauben zu wissen. Vielmehr sollten wir versuchen, der eigenen Wahrheit die Wahrheit des anderen hinzuzufügen.

Daniels Geschichte findet natürlich eine Fortsetzung in einem Traum. Wir werden sehen, wie das Gespräch über den Traum seinem Vater zu einer erweiterten Sichtweise verhilft. Daniel träumte:

> *Ihr hattet noch ein anderes Kind, ich hatte also einen kleinen Bruder. Der war ein richti-*

ger Musterknabe. Er hat die ganzen Klassen übersprungen bis er in meiner Klasse war.

Manchmal klingen Träume sehr realitätsnah. Genau so könnte sich die Geschichte auch im Wachleben abspielen. Dann glauben wir blitzartig zu erkennen, was mit Daniel los ist: Daniel möchte auch gerne so etwas wie ein Musterknabe sein, dann wäre er seine ganzen Probleme los. Aber Achtung: Auch wenn an dieser plötzlichen Eingebung etwas dran sein kann – sie greift meist zu kurz. Auch in realistisch wirkenden Traumbildern steckt meist viel mehr. Wir brauchen sie nur genauer auszuleuchten, dann ergeben sich interessante Hinweise und Blickwinkel, die zu neuen Einsichten führen können. Mit dem folgenden Gesprächsprotokoll möchten wir Sie zum einen darauf einstimmen, wie Traumgespräche ablaufen können. Im Leitfaden werden Sie noch Genaueres dazu erfahren. Wir wollen Ihnen aber vor allem zeigen, welchen Mehrwert oft schon ein kürzeres Gespräch bringt:

Vater: Wie alt war denn der Musterknabe?
Daniel: Vielleicht so zwei Jahre jünger als ich.
Vater: Gibt es jemanden, an den dich dieser Junge erinnert?
Daniel: Ja an einen im Fußballverein. Den mag ich gar nicht. Ist ein richtiger Trottel.
Vater: … und der ist bestimmt richtig gut?
Daniel: Ja er steht im Tor und hält fast jeden Ball.
Vater: … was hast du empfunden, als du im Traum deinen tollen Bruder kennengelernt hast?

Daniel: Ich war eifersüchtig, weil er alle begeistert hat. Er strahlend und ich fühlte mich daneben so richtig klein und blöd. Der war eben so, wie das alle gut finden.
Vater: Was meinst du – wie geht es dem Musterknaben im Traum?
Daniel: Na Typen, die so supertoll sind, können gar nicht glücklich sein.
Vater: Wir können ja mal so tun, als würde der Musterknabe jetzt vor dir stehen. Was würdest du ihm dann gerne sagen?
Daniel: : Du bist der total letzte Streber, altkluger Spießer.
Vater: Hast du denn was, was diesem Streber fehlt?
Daniel: Freiheit ist es, was solchen Typen fehlt. Der kann nicht machen, was er will. Dem ist es nur wichtig, dass alle ihn toll finden.

Daniel erfindet im Traum einen Superbruder, den alle toll finden. Auf ihn ist er eifersüchtig. Doch ist es tatsächlich so, wie Daniels Vater vermutet hat – möchte Daniel auch eine Art Musterschüler sein? Das Traumgespräch fördert zutage, dass dies für Daniel ganz und gar kein erstrebenswertes Ziel ist. Zwar wünscht er sich, auch so viel Aufmerksamkeit zu bekommen wie sein Traumbruder. Aber Daniel möchte lieber darauf verzichten als den Preis dafür zu bezahlen. Er ist der Ansicht, dass man seine Individualität und persönliche Freiheit aufgeben muss, wenn man so von anderen umjubelt werden will. Und er ist davon überzeugt, dass nur perfekte Menschen von anderen bewundert werden.

Daniels Vater konnte über das Traumgespräch also erfahren, wie Daniel über Leistung, Erfolg und Anerkennung denkt. In »normalen« Gesprächen dürfte es recht schwierig sein, zu ähnlichen Informationen über die Denkweise von Kindern zu kommen. Zum einen müssten wir sehr planvoll vorgehen und uns im Vorhinein genau über die Gesprächsziele klar sein. Zum anderen dürfte es Kindern recht schwerfallen, sich auf ein so nüchternes Gesprächsthema einzulassen. Kindgerechter und daher besser gelingt dies mit Hilfe von Traumfiguren. Man kann die Rolle wechseln, sich in die Gefühlswelt eines anderen hineinversetzen, sie wieder verlassen und Dinge aus der Distanz beschreiben. Das schafft zum einen ein spielerisches Gesprächsklima. Zum anderen können wir in der Regel offener über bestimmte Bedürfnisse und Überzeugungen sprechen, wenn wir sie nicht direkt als die eigenen erkennen. Im Fall von Daniel ist es der Musterknabe, der bewundert werden will. Für Daniel wäre es schwierig zuzugeben, dass er sich das auch manchmal wünscht. Wir lassen solche Erkenntnisse über unbefriedigte Bedürfnisse oft deshalb ungern an uns heran, weil wir dies als schmerzhaft oder peinlich empfinden.

Bisher war Daniels Vater davon überzeugt, dass sein Sohn einfach nur ein bisschen faul ist, dass er könnte, wenn er nur wollte. Daniel soll sich zusammenreißen, dann gibt es keinen Anlass zur Kritik. Im Traumgespräch erfährt er viel mehr über seinen Sohn: Von Daniels Angst, sich nicht frei und unabhängig entfalten zu können, wenn er sich fremden Regeln und Normen unterwirft. Von seiner Überzeugung, dass man perfekt sein muss, um von anderen anerkannt zu werden. Von Daniels Wunsch, um seiner selbst willen geliebt und beachtet zu werden und nicht, weil er bestimmte Leistungen erfüllt. Aus solchen Einsichten lässt sich viel machen: Eltern können über sich selbst nachdenken, in die eigene Vergangenheit zurückschauen und ihre Wertmaßstäbe überprüfen. Daniels Vater erkennt, dass sein Sohn nicht einfach nur zu bequem ist, um seine Hausaufgaben zu machen. Vielmehr ist diese Verweigerung für Daniel sinnvoll, denn gemachte Hausaufgaben würden ihn ja fast zu so etwas wie einem Musterknaben machen – für Daniel unvorstellbar. Wenn die Karten so offen auf dem Tisch liegen, heißt das natürlich noch nicht, dass damit auch das leidige Hausaufgabenthema erledigt ist. Aber mit diesem umfassenderen Verständnis für die verborgenen Motive erscheint der Konflikt in einem ganz neuen Licht. Nun lässt sich gemeinsam daran arbeiten, über sinnvolle und sinnlose Regeln sprechen. Man kann gemeinsam nachschauen, was unnötig einschränkt und über Bord geworfen werden sollte. Was unverzichtbar ist, und woran sich auch Daniel halten muss. Alles das entlastet und legt den Grundstein für positive Veränderungen.

Wenn Kinder Neuland erobern

Wir leben viele Jahre mit unseren Kindern unter einem Dach und denken nur selten darüber nach, was sie in dieser Zeit leisten, um eines Tages ihr Leben

selbstständig zu meistern. Vielleicht ist uns bewusst, wie mühsam es sein kann, den Anschluss in bestimmten Schulfächern oder in der Berufsausbildung nicht zu verlieren. Seltener sind wir uns darüber im Klaren, was Kinder auf psychischem und sozialem Gebiet zu Wege bringen bis sie groß sind: Mit anderen Klarkommen, Zurückweisungen und Rückschläge hinnehmen, in der neuen Gruppe oder Schulklasse Anschluss finden, offen seine Meinung sagen und dazu stehen …
Es gibt sicher noch mehr Beispiele, die zeigen, dass jedes Kind notwendige aber eben auch schmerzhafte Erfahrungen macht, bis es die nötigen Strategien besitzt, um solche Herausforderungen selbstsicher zu meistern. Selbstständig und unabhängig wird man vor allem dadurch, dass man immer wieder Freiräume auslotet, den Sprung ins Ungewisse wagt und dabei Vertrautes ein Stück weit hinter sich lässt. Schon das Krabbelkind möchte Neuland erobern und erkennt dabei, dass nicht beides gleichzeitig geht: Die wohlig-vertraute Geborgenheit auf Mamas Arm und die Entdeckerfreude beim Erkunden von Papas Schreibtischschublade.

Trotzalter und Pubertät kennen Eltern als Entwicklungsphasen, in denen die Autonomiebestrebungen von Kindern besonders deutlich hervortreten. Zwei Schritte vor und einen zurück – so könnte man beschreiben, wie Kinder ihr Bedürfnis nach Freiheit und Gehaltenwerden leben. Das, was man will und tun muss, weil es eine innere Notwendigkeit darstellt, ist gleichzeitig das, wovor man noch zurückschreckt, weil man sich auf ein unbekanntes Terrain zubewegt.

Erwachsene können die inneren Grabenkämpfe natürlich nicht sehen, die Kinder mit sich ausfechten, wenn sie den Drang zur »Welteroberung« in sich spüren. Sie betrachten das Geschehen meist mit gemischten Gefühlen und durch ihre Brille. Das unflätige Benehmen der 13-Jährigen bringt den Familienfrieden regelmäßig ins Wanken und man sieht sich als Zielscheibe der pubertären Launen. Für einfühlsames Verstehen bringt man dann kaum mehr den erforderlichen guten Willen auf. Manchmal scheinen einem die Sorgen des Nachwuchses auch schlicht übertrieben: »Michel hat dich nicht zu seiner Geburtstagsparty eingeladen? Deine Sorgen möchte ich haben. Das sind kleine Fische im Vergleich zu dem, was da später auf dich zukommt.« Ohne es zu merken, sind wir ganz mit uns beschäftigt. Noch vor dem ersten Schultag bedauern Eltern, dass nun die Zeit des unbeschwerten Kindseins zu Ende geht. Der »Ernst des Lebens« beginnt und man denkt wehmütig daran, dass die gemeinsamen Kuschelzeiten bald der Vergangenheit angehören. Und wenn dem 12-Jährigen schon wieder die Hosen zu kurz sind, weiß man, dass einem zum »Erziehen« nicht mehr viel Zeit bleibt.

Verständlich, dass Eltern mit dem Aufwachsen ihrer Kinder von Zeit zu Zeit Mühe haben. Zum einen liegt die Zeit lange zurück, in der man selbst Kind und Jugendlicher war. Man erinnert sich nur noch vage an seine eigene Unsicherheit und Beklemmung beim Wechsel in die neue Schulklasse oder an die Weltuntergangsstimmung, die sich in einem breitmachte, weil man unglücklich verliebt war. Zum anderen steckt man in der Elternrolle fest und möchte darin erfolgreich sein. Störungen wie das permanent aufmüpfige Verhalten der Kinder kann einen mit den eigenen Grenzen, Schwachstellen und Empfindlichkeiten konfrontieren. Es ist gut nachvollziehbar, dass wir gerade dann angestrengt versuchen, mit den »richtigen« erzieherischen Maßnahmen die Kontrolle über das Geschehen zu behalten. Erst einmal innezuhalten und sich darauf einzulassen, was Kinder wirklich bewegt, was ihnen zu schaffen macht oder welche Ziele sie sich gesetzt haben, könnte da oft nützlicher sein. Eltern könnten an ihren Heranwachsenden wieder mehr liebenswerte Seiten entdecken und ihnen vielleicht mit mehr Milde begegnen, wenn sie immer mal wieder die Seite wechseln und schauen, wie die Welt durch die Brille des Kindes aussieht. Auf diese Weise können Eltern auch gelassener mit den eigenen Schwächen und denen ihrer Kinder umgehen und entwicklungsbedingte Herausforderungen als gemeinsame Leistung anerkennen. Und sollten doch einmal Gewitterwolken den strahlend blauen Beziehungshimmel überschatten, warten sie eher geduldig ab und greifen zum Regenschirm, als Petrus verzweifelt um besseres Wetter anzuflehen.

Wer sich den Traum des Halbwüchsigen genauer anschaut, wird das wirre Verhalten des Sohnes besser einordnen und verstehen können. Jetzt macht das »Himmelhoch jauchzend – zu Tode betrübt«, das man täglich mitbekommt, mehr Sinn. Der Sohn ist dabei, erste Erfahrungen als junger Mann zu machen und muss dabei Risiken eingehen.

Der 15-jährige Malte erzählt: »Ich habe von einem Mädchen geträumt, das ich gerne mag. Ich hab sie gefragt, ob sie mit mir gehen will. Sie hat gesagt: Du bist mir zu schwul.«

Mögliche Hoffnungen und Ängste, die sich in solchen Träumen spiegeln, sind existenzieller Natur: »Wie muss ich als Mann oder Frau sein, um anzukommen?« »Bin ich richtig, so wie ich bin?« Man könnte sagen, Kinder proben im Traum für den Ernstfall – Beziehungen neu ordnen, etwas Eigenes erschaffen und seinen Platz in der Familie oder in der Schule auf die Zukunft hin ausrichten. Da kann es schon auch mal vorkommen, dass Autoritätspersonen wie die Eltern im Traum sterben.

Manchmal finden sich Jugendliche im Traum auch in einer fremdartigen, gefährlichen Umgebung wieder, wollen flüchten und werden daran gehindert, wie der folgende Traum von Jo (16 Jahre alt) zeigt:

> *Ich bin draußen. Es war Nacht und unheimlich. Man konnte fast nichts sehen. Da waren andere Leute, die mir auf die Pelle rückten. Ich will abhauen und hab ein paarmal versucht, über eine Mauer zu klettern. Aber es hat nicht geklappt – die Mauer wurde immer höher. Jemand, der mich mag, half mir herunter und sagte: Komm wir gehen heim.*

Wenn Träume zum Schauplatz des kindlichen Bewegungsdranges in Richtung zunehmender Autonomie werden, können Eltern darin manchmal nützliche Anregungen finden, um mehr Sicherheit im Umgang mit ihren Kindern zu gewinnen. Dabei geht es um so häufige Elternfragen wie: Lasse ich meinem Kind zu viele Freiheiten und fehlt es vielleicht an Halt gebenden Grenzen, oder ist die Leine zu kurz, an der ich mein Kind führe – mache ich zu viele Vorschriften und beenge ich es in seinen Experimentiermöglichkeiten? Kinderträume enthalten nicht selten Hinweise, wie der elterliche Erziehungsstil beim Kind ankommt. Auch bei Jos Traum könnten die Eltern der grundlegenden Frage nachgehen, inwieweit sie Jo die nötigen Freiräume zum »Erobern von Neuland« einräumen und wo Jo vielleicht noch auf die Unterstützung der Eltern angewiesen ist. Sicher ist, dass Jugendliche beides brauchen: Ein Drahtseil, auf dem sie das Balancieren lernen können, und ein Sicherheitsnetz, das sie im Ernstfall auffängt.

Kinder wachsen an Problemen

Starke, selbstbewusste Kinder zu erziehen, die jede Herausforderung optimistisch anpacken, ist wohl der Wunsch aller Eltern. Sie mögen sich fragen, wie ausgerechnet das Träumen zur Persönlichkeitsstärkung kleiner Menschen beitragen kann. Müssen wir ihnen nicht schon möglichst früh beibringen, wie man planvoll an Aufgaben herangeht und sich ein umfassendes und solides Fundament an Wissen und Können aneignet? Eine solche Auffassung scheint jedenfalls im

Trend zu liegen. Schon die 3-jährige Sophia lernt Klavierspielen, die Eltern von Max haben ihren Sohn in einer Kindertagesstätte mit Schwerpunkt auf naturwissenschaftlichem Experimentieren angemeldet und die 5-jährige Claudia ist fast jeden Nachmittag ausgebucht. Sie nimmt Golf- und Tennisstunden und ist dem Kinderschachclub beigetreten. Das Schlagwort der frühkindlichen Bildung ist in aller Munde, und Eltern fühlen sich aufgerufen, ihr Kind möglichst früh mit Bildungsangeboten zu versorgen, um nur ja nichts zu verpassen. Man weiß, nie mehr lernt man eine Fremdsprache so spielend wie als Kind. Und auch viele andere sportliche oder musische Talente könnten unbemerkt verkümmern, wenn sie nicht früh entdeckt und gezielt gefördert werden. Sicher – ein Instrument zu spielen oder eine Fremdsprache zu beherrschen kann Freude machen und das Selbstvertrauen steigern. Das gelingt am besten, wenn man sich selbst dafür entscheidet und nicht unter Druck lernt. Doch was brauchen Kinder gerade in frühen Jahren, damit sie ihren angeborenen Lerneifer nicht verlieren, das Leben mit all seinen Herausforderungen freudig anpacken und auch nach einer Niederlage wieder aufstehen?

Auf diese Frage finden wir eine gute Antwort, wenn wir Kinder einfach nur bei ihrem Tun beobachten. Dann sehen wir, dass Kinder nach Freiräumen suchen, wo sie ihren ganzen Erfinderreichtum ausleben und sich an den Dingen und Menschen um sie herum erproben können. Spiele – allein oder mit anderen, sich streiten und wieder vertragen – das ist die natürliche Basis, auf der Kinder am liebsten lernen und sich fordern lassen. Das gelingt aber nur dann optimal, wenn jemand da ist, der dem Kind hilft, wenn es mal schwierig ist, der Tränen trocknet und Mut zuspricht. Liebevoll zugewandte und verlässliche Erwachsene sind es also, die für die nötige Vertrauensbasis sorgen.

Wenn wir den sozialen und emotionalen Kompetenzen von Kindern zu wenig Beachtung schenken, werden wir kaum starke Kinder erziehen können. Fragen Sie sich selbst einmal, wodurch Sie sich eher gestärkt fühlen – wenn Sie einer Person, die Sie angreift oder beleidigt, selbstbewusst eine klare Grenze aufzeigen oder wenn sie jemandem den Prozess der »Photosynthese« erklären. Machen wir uns bewusst: Die Kompetenz, gute Beziehungen zu gestalten, fliegt uns nicht einfach zu – wir müssen sie uns genauso erarbeiten wie das Fachwissen und Können, das wir in unserem Beruf brauchen. In der Arbeit mit Träumen geht es genau darum: Um die beachtliche Chance, wichtige Problemlösungskompetenzen zu entwickeln. Sehen wir uns das an einem Beispiel einmal genauer an. Eduard träumte:

> *Jemand hat uns eine böse Fledermaus ins Haus geworfen. Die Fledermaus hat mich durchs Haus verfolgt. Ich bin die Treppen rauf und runter gerannt – die Fledermaus immer hinter mir her. Auf einmal hab ich mich umgedreht und die Fledermaus gepackt und ihr den Hals umgedreht. Die Fledermaus war böse, obwohl sie so ausgesehen hat wie*

meine kleine Plastikfledermaus – klein, rundlich, lila mit grünen Augen und stummeligen Flügeln.

Wir alle wissen, dass Beziehungen zu anderen problematisch werden können. Für Eduard ist es eine Fledermaus, die ihm im Traum das Leben schwermacht. Ein harmloses Spielzeugtier verwandelt sich in eine bösartige Fledermaus. Träume geben einer Herausforderung, die sich einem in den Weg stellt, eine Gestalt. Was auch immer sich hinter der Figur der Fledermaus verbirgt, Kinder durchleben in Träumen oft problematische Situationen, die alptraumartig werden können und sie an Grenzen bringen, die sie entweder erfolgreich überwinden oder an denen sie scheitern. Wieso ist das so?

Kinder wachsen und reifen vor allem an den Problemen, die sie aus eigener Kraft und mit der Hilfe anderer Menschen zu lösen imstande sind. Damit Kinder an Herausforderungen wachsen können, sollten diese auch wirklich als solche wahrgenommen werden. Das Problem muss dringlich genug sein und richtig wachrütteln – so wie bei Eduard, der sich nachts auf eigentümliche Weise mit einer offenen Frage herumschlägt: »Wie kann ich es schaffen, die böse Fledermaus loszuwerden?«

Als Problem erscheinen uns solche Aufgaben, die wir mit den uns bekannten Mitteln nicht lösen können. Eduard scheint mit seinem Davonlaufen nicht wirklich erfolgreich zu sein, denn er kann die Fledermaus nicht abschütteln. Somit hat auch er zunächst einmal mit dieser für ihn möglicherweise vertrauten Strategie keinen Erfolg und deshalb ein echtes Problem.

Der Hirnforscher Gerald Hüther beschreibt das, was dabei in unserem Körper passiert, folgendermaßen: Unbekanntes sorgt erst einmal für viel Unruhe in unserem Gehirn. Die dabei entstehende Erregung im Zwischenhirn und die von dort aus gesteuerten Prozesse zur Regulation von Nervensystem, Hormonsystem oder Herz-Kreislauf-System lösen eine Art Aufruhr aus, den wir auch körperlich spüren – wir bekommen weiche Knie, ein flaues Gefühl im Magen, Herzklopfen. Die Suche nach einer passenden Lösung steht sozusagen ganz oben auf der »to do-Liste« der sonst noch zu erledigenden Geschäfte. Das erzeugt zunächst eine unangenehme Spannung, die uns zwingt, Entscheidungen zu treffen und zu handeln mit dem Ziel, uns wieder ins Lot zu bringen. Jedes Mal, wenn auf diese Weise ein Problem gelöst ist, kehrt im Gehirn wieder Ruhe ein: Das Herz schlägt wieder ruhig und gleichmäßig, wir fühlen uns sogar besser als zuvor, denn die erfolgreich überwundene Stresssituation aktiviert das sogenannte Belohnungszentrum im Gehirn. Laufen solche Problemlösungsprozesse häufiger ab, wirkt sich das langfristig positiv auf unsere Entwicklung aus. Wir haben verschiedene Strategien kennengelernt und erprobt, die uns auch in Zukunft helfen, schwierige Aufgaben anzupacken. Genau das macht Kinder selbstsicher und stark.

Das menschliche Gehirn ist also in erster Linie ein Instrument, mit dem sich so manche harte Nuss im

Leben knacken lässt. Vorausgesetzt wir sind im Nüsse knacken trainiert, strengen uns also von Zeit zu Zeit richtig an und stellen uns den Schwierigkeiten zielstrebig. Kindern sollten also durchaus verschiedenartige Probleme zugemutet werden, damit sie unterschiedliche Lösungsstrategien entwickeln können. Das klingt logisch, denn um einen Fahrradreifen zu flicken braucht man andere Fähigkeiten als in einem Streitgespräch mit Schulkameraden.

Ist es Eduard im Traum gelungen, eine passende Lösung zu finden? Denn dann wäre ja sein Belohnungszentrum im Gehirn aktiv geworden. Eduard fand tatsächlich eine wirksamere Strategie als davonzulaufen. Er entschloss sich, aktiv zu werden, packte die Fledermaus und drehte ihr den Hals um. Damit ist er das Tier sehr wahrscheinlich losgeworden, und es konnte wieder Ruhe in seinem Inneren einkehren. Vielleicht fragen Sie sich gerade, wozu Eduard die Fähigkeit benötigen könnte, eine Fledermaus zu strangulieren, denn diese Anforderung dürfte im Alltag kaum auftauchen. Doch hier geht es in erster Linie darum, ein Problem zu lösen. Dafür muss man über eine ganze Reihe wichtiger Fähigkeiten verfügen. Man muss das Problem als solches erkennen und sich ihm stellen, die nötigen Ressourcen mobilisieren – also das Richtige tun, um die Bedrohung loszuwerden. Dazu gehört auch, das Gefühl der Angst auszuhalten. Die Energie, die Eduard erst einmal in die Flucht gesteckt hat, verwendet er nun für seinen Angriff. Er weiß nun, wie er das Problem am besten bewältigen und den entscheidenden Angriff wagen kann. Er hat auch erfahren, wie es sich anfühlt, erfolgreich zu sein. Probehandeln nennen Psychologen diese Art des gedanklichen Übens für den Ernstfall. Im Alltag wird sich Eduard nicht mehr an seinen Traum erinnern, wenn es gilt, eine Herausforderung in Angriff zu nehmen. Was aber viel wesentlicher ist: Eduard wird aus seiner Traumerfahrung gelernt haben, dass es möglich ist, Angst zu überwinden und dass man ein Problem lösen kann, wenn man sich ihm aktiv stellt.

Wir sehen, wie Kinder in Träumen um Lösungen für anstehende Probleme ringen und dabei oft erfolgreich sind. Umgekehrt kann ein Traum aber auch zeigen, dass Kinder mit Problemen kämpfen, die eigentlich nicht ihre eigenen sind und auf deren Lösung sie deshalb keinen Einfluss haben können. Das könnte dann der Fall sein, wenn Kinder zum Mobbingopfer geworden sind, wenn sie befürchten, dass sich Mama und Papa trennen oder wenn sie ahnen, dass die Familie in einer finanziellen Krise steckt. An solchen Schwierigkeiten kann natürlich kein Kind wachsen. Vielmehr bewirken sie das Gegenteil: Kinder fühlen sich hilflos und verlieren die Überzeugung, dass Probleme grundsätzlich lösbar sind. Eltern brauchen in den Träumen ihres Kindes nicht überbesorgt nach solchen Problemen suchen. Dennoch gilt es, genau auf die Schilderungen des Kindes zu achten: Findet die Bedrohungssituation ein glückliches Ende? Weicht das Gefühl der Angst oder Unsicherheit plötzlich oder allmählich und macht positiven Empfindungen wie Mut und Entschlossenheit Platz? Wie verändern sich Gesichtsausdruck, Stimmlage und Körperhaltung beim Erzählen eines Traums? Sollten Kinder im Traum an der Bedrohung scheitern, dann deutet dies immer darauf hin, dass sie mit einer Situation im Alltag überfordert sind. Auch das braucht Sie nicht unmittelbar beunruhigen, denn Kinder müssen sich ständig mit Überforderung und problematischen Situationen auseinandersetzen. Kinderträume können Eltern also sensibilisieren für allerhand Störungen und Probleme, mit denen Kinder es zu tun haben. Einiges schaffen sie allein und für manche Probleme brauchen sie unsere Unterstützung.

Mal sehen, was noch in dir steckt

»Meikel ist mit seinen 10 Jahren ein toller Schwimmer und Fußballer und Vera hatte immer schon eine kreative Ader, sie malt und bastelt mit Begeisterung. Moni ist unsere Unterhaltungskünstlerin. Wo sie auftaucht, herrscht immer eine gute Stimmung.« Auf die Frage, was ihre Kinder besonders gut können, fällt Eltern meist schnell das eine oder andere Talent ein. Eltern sind mit Recht stolz auf solche Begabungen. Viele Stärken helfen sie bei ihren Kindern einfach dadurch zu entwickeln und auszubauen, indem sie sie bewusst wahrnehmen und mehr oder weniger direkt als positive Seite an ihnen wertschätzen. Wir würdigen, loben und honorieren, was uns angenehm auffällt. Das verfehlt selten seine Wirkung: Kinder lernen leichter, halten auch unter schwierigen Bedingungen besser durch und wagen sich eher an schwierige Aufgaben, wenn sie mit ihren Fähigkeiten und Stärken gesehen werden. Kinder identifizieren sich mit kraftvollen Rückmeldungen über ihre Person. Hören sie immer wieder ähnliche Sätze wie: »Du bist unser Organisationstalent! – Auf dich kann man sich verlassen!« oder: »Du bist die beste Ordnungsfee in der Familie«, wirkt das fast hypnotisierend auf die kleinen Empfänger. Man glaubt mit der Zeit, was man immer wieder hört. Leider brennen sich negative Du-Botschaften ähnlich tief in das Selbstbild von Kindern ein. Aufkeimende Interessen können bei Kindern als kraftvolle Ressourcen zum Weiterlernen genutzt werden, wenn man sie rechtzeitig bemerkt. Schließlich lässt sich viel leichter fördern, was in Mini-Ansätzen bereits vorhanden ist. Um ein begeisterter Tennisspieler zu werden, wird man irgendwann damit angefangen haben, sich für den Ballsport zu interessieren. Vielleicht hat man mit Schläger und Ball experimentiert und auch jemanden gefunden, der einen zum Weitermachen inspirierte. In Träumen entdeckt man oft die ersten Knospen aufkeimender Interessen und Begabungen. Dann braucht man sie nur noch gießen und pflegen, damit sie zur vollen Blüte heranwachsen.

Es könnte sich also durchaus lohnen, ab und zu genauer hinzuschauen, um möglichst viele in Kindern schlummernde Potenziale aufzuspüren. Was Meikel, Vera und Moni sonst noch alles können, lässt sich auf den ersten Blick gar nicht so leicht sagen. Träume helfen einem da auf die Sprünge, denn hier zeigen kleine Träumer oft sehr eindrucksvoll, was in ihnen steckt. Es ist ganz einfach, Eltern müssen nur den Blick auf die Traumressourcen lenken. Sehen Eduards Eltern ihren Sohn, unseren Fledermaushelden, eher als schüchternes Kind, das sich selten offen gegen andere zur Wehr setzt, dann können sie nun eine kraftvolle Seite an ihm erkennen und würdigen. »So mutig bist du also? Du kannst der Fledermaus aber gut zeigen, was sie nicht darf.«

An diesem Beispiel sieht man, dass es Eltern und Kindern Spaß macht und beide Seiten stärkt, wenn man sich mit genutzten Chancen und gelungenen Lösungen befasst. Schon mit einer kleinen Wahrnehmungsveränderung gelingt es, den Blick von den nicht gelungenen auf die gelungenen Aspekte einer Situation zu lenken. Ähnlich wie beim Beispiel mit dem halbvollen Wasserglas kann man beklagen, dass Eduard nicht clever genug ist, um zu bemerken, dass er es nur mit einem harmlosen Spielzeugtier zu tun hat. Man kann sich aber auch darüber freuen, dass er sich dem Tier gegenüber erfolgreich zur Wehr gesetzt hat.

In Träumen auf Ressourcensuche zu gehen heißt aber noch mehr: Wie oft stehen wir im Leben ratlos vor einem Problem, sind gestresst und sehen den Wald vor lauter Bäumen nicht mehr, weil wir gewohnheitsmäßig vorgehen. Eingefahrene Verhaltensmuster hindern uns daran, kreative Lösungen für Probleme zu finden. Ganz anders im Traum: Hier kreieren gerade Kinder ungewöhnliche Situationen und erfinden erstaunlich fantasievolle Lösungen. Mit Ressourcen sind hier nicht nur bestimmte Stärken und Fähigkeiten gemeint – etwa Mut oder die Fähigkeit, bei Konflikten zu vermitteln. Sie geben sich auch als fantasievolle, ungewöhnliche Einfälle zu erkennen, um eine verfahrene Situation zum Besseren zu verändern. Solche »Traumressourcen« könnten dann zum Sprungbrett werden, um auch im Wachleben viel weiter oder höher zu springen, als dies aus dem Stand heraus möglich ist.

Die 7-jährige Linda träumte:

> *Wir (die ganze Familie) standen vor einer Burg. Da waren wir Kinder plötzlich allein. Wir suchten einen Weg, um nach Hause zu laufen. Aber wir fanden ihn nicht. Mein Bruder war plötzlich auch weg. Ich ging in die Burg hinein. Da war es ganz dunkel. Ich hatte schlimme Angst. Dann sah ich oben an der Decke ein kleines Fenster, da kam Sonne rein. Da wollte ich hin. Und da hab ich einfach die Bücher aufeinander gestapelt, die da rumlagen. Und so bin ich irgendwann hoch gekommen zu dem Fenster. Ich hab gedacht: Geschafft!*

Linda befindet sich in einer äußerst schwierigen Lage. Statt sich weinend ihrem Schicksal zu ergeben, nimmt sie es selbst in die Hand. Es scheint sich für Linda zu lohnen, denn am Ende wurde alles gut – sie hat es geschafft.

Nach Auffassung des Kognitionswissenschaftlers Francisco J. Varela ist Träumen eine grundlegende kognitive Aktivität: »Träumen stellt einen Raum zur Verfügung, wo man nicht einfach nur mit dem im Augenblick Gegebenen zurechtkommen muss, sondern sich alles neu ausdenken, überlegen und vorstellen kann.«[1]

Menschen werden im Traum zu Erfindern und Künstlern. Wohl jeder von uns kann bestätigen, dass in Träumen alles möglich ist: Wir können über dem Boden dahinschweben und uns dabei glücklich fühlen wie schon lange nicht mehr, wir stürzen einen Abhang hinab und kommen dennoch unbeschadet unten an, es gelingt ohne fremde Hilfe ein Auto aus einem tiefen Graben zu ziehen. Linda »erfand« in ihrem Traum die Idee mit den Büchern, um ihr Ziel zu erreichen. Sie zweckentfremdete diese, nutzte sie nicht zum Lesen sondern als Treppe, um ans Fenster zu kommen. Nun können Eltern Kreativität und Einfallsreichtum gezielt fördern, indem sie speziell dieses Verhalten würdigen: »Was, du hast also die Bücher dazu genutzt, um ans Fenster zu kommen – du bist ja richtig einfallsreich und kreativ!«

Doch nicht nur Lindas Idee mit den Büchern ist kreativ, der Traum enthält noch andere Kostbarkeiten, die ihr helfen, sich aus ihrer bedrohlichen Lage zu befreien. Vielleicht hat Sie Lindas Traumgeschichte ein wenig an das bekannte Grimmsche Märchen »Hänsel und Gretel« erinnert. Wie im Märchen stehen Linda und ihr Bruder plötzlich alleine da, doch schlimmer als im Märchen, muss Linda sogar ohne ihren Bruder klarkommen. Aber sie bricht keinesfalls hilflos zusam-

---

[1] Varela, Francisco J.: Traum, Schlaf und Tod. München: Piper 2006. S. 52.

men wie man meinen könnte, sondern verfügt offensichtlich über genug innere Stärke, um ihre Lage zu akzeptieren. Linda scheint also mit Stresssituationen gut umgehen zu können – eine Kompetenz, die heute außerordentlich wichtig ist. Das zeigt sich auch darin, dass sie sich von ihrer Angst, die sie durch die Dunkelheit in der Burg verspürt, keineswegs überwältigt, sondern eher herausgefordert fühlt. Angst kann in vielen Fällen auch lähmen und handlungsunfähig machen. Linda aber geht recht offensiv vor, blickt gezielt nach oben in Richtung des hell erleuchteten Fensters und fasst den Entschluss, dorthin zu gelangen. Dabei lässt sie sich von dem hellen Schein durchs Fenster inspirieren und schöpft daraus die nötige Kraft. Linda konzentriert sich also auf denjenigen Aspekt, der Hoffnung und Zuversicht verspricht. Ihr Vorgehen zeugt von Willensstärke und Selbstvertrauen. Es ist durchaus nicht selbstverständlich, sich in einer bedrängenden Situation so zu verhalten. Oft sehen wir nur das, was stört und behindert – von einem kleinen Hoffnungsschimmer versprechen wir uns nicht viel. Ist es nicht für Eltern und Kinder ein erhebendes Gefühl, solche Schätze, wie wir sie in Lindas Traum entdecken konnten, aus dem Dunkel ins Licht zu holen?

Wunschträume oder mehr?

»Ich hab geträumt, dass ich mit dem funkelnagelneuen Fahrrad, das ich mir schon lange wünsche, in einem supertollen Vergnügungspark war.« Bei solchen

Traumgeschichten denken wir allzu schnell, dass Kinder mit ihrem Traum nichts anderes mitteilen als das, womit sie uns ohnehin Tag für Tag in den Ohren liegen. Was sollte näherliegen als die Annahme, dass Kinder sich auch nachts mit ihren materiellen Wünschen beschäftigen? Sie träumen davon, dies oder jenes zu besitzen oder zu unternehmen, was sie sich im Wachleben so sehnlich wünschen. Doch selbst wenn so manche Traumhandlung durchaus von solchen Wünschen inspiriert ist, gehören sie nicht zu den entscheidenden Elementen des Traums. Zentral ist eben nicht die kurzlebige Zufriedenheit, die sich einstellt, weil man endlich das heiß ersehnte neue Fahrrad in der Hand hält. Fast immer geht es um tiefer liegende Fragen und Bedürfnisse, die Kinder im Traum bewegen. Und über die erfahren Eltern viel seltener etwas als über die tausend Wünsche, die Kindern so leicht über die Lippen gehen.

»Alle in meiner Klasse haben einen Gameboy – nur ich nicht.« Solche Sätze bekommt man als Mutter und Vater früher oder später fast immer zu hören. Kinder wollen einen dann oft davon überzeugen, dass man bestimmte Dinge einfach haben muss, weil man ansonsten nur allzu leicht zum Außenseiter wird. Ob es nun um das neue Computerspiel, die brandneuen teuren Schuhe, oder den Zeichentrickfilm geht, der nach der vereinbarten Kinderserie noch kommt – viele Kinder stellen die Eltern mit ihrem andauernden Wollen und immer neuen Wünschen auf eine harte Probe. Eltern fällt ihr Nein, von dessen Richtigkeit sie im Grunde überzeugt sind, häufig schwer, denn die Kleinen tragen ihre Anliegen meist so sehnsüchtig und überzeugend vor, dass man Angst hat, mit diesem Nein ihr Lebensglück zu gefährden. Doch tief im Inneren wissen Eltern, dass dauerndes Nachgeben gefährlich ist. Was Kinder wollen, ist nicht dasselbe wie das, was sie wirklich benötigen. Der Familientherapeut Jesper Juul formuliert dies so: »Kinder wissen nicht, was sie brauchen; sie wissen nur, worauf sie Lust haben. Wenn also das, worauf sie Lust haben, zur Richtschnur der Eltern wird, werden die eigentlichen Bedürfnisse des Kindes nicht befriedigt.«[2] Wünsche gehen mit dem Bestreben einher, etwas besitzen oder konsumieren zu wollen, von dem man glaubt, dass es einen menschlich vollkommener, bei anderen beliebter oder angesehener macht: Wenn ich die neuen Schuhe von XY besitze, wirke ich so selbstbewusst und cool wie der Popstar, der sie trägt und den alle toll finden. Dann werde ich auch beachtet und von allen bewundert. Der Drang, etwas haben zu müssen orientiert sich am Außen und lebt stark von den Einflüssen der Medien und der Werbeindustrie. Wenn Eltern ihren Kindern laufend jeden Wunsch erfüllen, ohne die eigentlichen menschlichen oder zwischenmenschlichen Bedürfnisse dahinter wahrzunehmen, machen sie einen großen Umweg hin zu einem Ziel, das dadurch kaum greifbarer wird. Wirkliche Zufriedenheit mit sich und in der Familie stellt sich dadurch nicht unbedingt ein.

---

2 Juul, Jesper: Was Familien trägt. Werte in Erziehung und Partnerschaft. Ein Orientierungsbuch. Weinheim und Basel: Beltz. S. 79.

Womit beschäftigen sich Kinder in ihren Träumen – mit Wünschen oder echten Bedürfnissen? Der 11-jährige Max träumte:

> *Ich war mit einem superschnellen, brandneuen Motorboot nach New York unterwegs. Mama und Papa saßen auf der Rückbank und ich war am Steuer. Als ich die riesigen Wolkenkratzer von New York sah, leuchtete ein Display über dem Steuerrad auf. Da waren Zahlen und Zeichen. Ich hatte keine Ahnung, was sie bedeuten, und da wusste ich nicht mehr, was ich machen soll.*

Man ist versucht, im Traum von Max vor allem die typischen Wünsche vieler Heranwachsender zu entdecken. Ein Motorboot besitzen, es selbst steuern können, eine Reise nach Übersee unternehmen und in einer der größten Städte der Welt anlegen. Ein Unternehmen, bei dem viele 11-Jährige ins Schwärmen geraten. Das könnte auch bei Max der Fall sein. Doch ist der Traum damit ausreichend beschrieben? Wir glauben, dass in den Träumen neben den ganz zeitgemäßen Wünschen von Kindern und Jugendlichen vor allem elementare Bedürfnisse thematisiert werden, die im Wachleben zu wenig Beachtung finden.

Im Wesentlichen basiert eine gesunde und ausgeglichene Entwicklung von Kindern auf drei Säulen von Grundbedürfnissen. Die erste Säule umfasst das Bedürfnis des Kindes, geschützt und versorgt zu werden. Der Säugling ist wie kein anderes Lebewesen von der Fürsorge eines Erwachsenen abhängig, um überleben zu können. Das Gefühl, nicht genügend Nahrung zu bekommen oder unkontrollierbaren Gefahren ausgesetzt zu sein, kann dazu führen, dass Kinder ins Bodenlose stürzen. Die zweite Säule fußt auf dem Grundbedürfnis des Kindes, von nahestehenden Menschen geliebt und als Person angenommen zu werden. Je zuverlässiger Kinder erfahren, dass sie als Mensch anerkannt und wichtig sind – indem sie mit allen Schwächen und Besonderheiten geliebt werden, – desto größer sind ihre Chancen, vertrauensvoll durchs Leben zu gehen, Schwierigkeiten zu meistern und nach Rückschlägen wieder aufzustehen. Die dritte wichtige Säule gründet auf dem menschlichen Bedürfnis nach Autonomie und dem Streben nach Selbstverwirklichung. Kinder, die mit ihren Ideen und Vorstellungen gehört und gesehen werden, lernen, sich eigenständig Ziele zu setzen und alles daranzusetzen, diese zu erreichen. Sie vertrauen ihren Entscheidungen und sind weniger anfällig für Manipulationen von außen.

All diese Grundbedürfnisse lassen sich nur in Beziehungen zu anderen Menschen befriedigen. Wenn wir in Träumen nach echten Bedürfnissen von Kindern Ausschau halten, sollten wir uns also nicht zu sehr von der Kulisse und dem Inventar im Traum beeindrucken lassen. Wichtiger als das Boot oder das Reiseziel ist die Frage, wie der Träumer sich in seiner Traumgeschichte darstellt, verhält und erlebt, und wie die Personen im Traum miteinander umgehen. In unserem Traumbeispiel hat Max seine Eltern mit auf die

Reise genommen. Es geht somit um Beziehungsbedürfnisse, die Max an seine Eltern heranträgt. Im Boot sitzen die Eltern zusammen auf der Rückbank und Max steuert das Boot. Welche Bedürfnisse könnte diese Platz- und Funktionsverteilung zutage fördern? Um das zu beantworten, könnten die Eltern im Traumgespräch fragen, wie sich Max als Steuermann gefühlt hat und was er in Bezug auf die abseits sitzenden Eltern gedacht hat. Waren die Eltern im Traum eher mit sich beschäftigt oder ihrem Sohn zugewandt? Wie haben sich die Eltern wohl gefühlt? Mit solchen beziehungsorientierten Fragen gewinnt man bald einen tieferen Einblick in das, was Kinder wirklich brauchen, um in der Beziehung zu wichtigen Bezugspersonen zu wachsen.

Vielleicht mögen Sie jetzt fragen, weshalb wir Träume dazu brauchen, um die Beziehungen innerhalb der Familie besser zu verstehen. Träume stellen das Miteinander nicht nur in einem ungewohnten neuen Umfeld dar, sondern geben uns auch die einmalige Chance, die Beziehungen ganz aus der Perspektive des Träumers zu sehen. Wir können uns als Eltern nicht einmischen und mal ganz ehrlich, kämen Sie auf die Idee, Ihrem 11-Jährigen das Steuer eines Motorbootes anzuvertrauen?

Wie in jeder Beziehung werden auch in der zu Kindern Gefühle verletzt und Bedürfnisse übersehen. Das ist völlig normal und führt nicht gleich zu einer Beziehungsstörung, solange Eltern grundsätzlich achtsam bleiben und sich ihrer Verantwortung bewusst sind. Traumarbeit unterstützt die elterliche Fähigkeit, achtsam und verantwortungsbewusst mit kindlichen Bedürfnissen umzugehen. Mütter und Väter, die in der träumerischen Leistung ihres Kindes einen Beitrag sehen, um die Beziehung zwischen sich und den geliebten Eltern zu verbessern, sind zu beglückwünschen!

Das Wesen der Träume

Es gibt zahlreiche Versuche, das Phänomen Traum zu greifen, zu begreifen. Träume fordern uns nicht nur inhaltlich sondern auch in ihrem Wesen, denn die Frage: Was sind eigentlich Träume und welchen Zweck haben diese? ist bis heute nicht hinreichend geklärt. Philosophen, Forscher, Humoristen, Psychologen, Therapeuten, Skeptiker und Kulturschaffende von der Antike bis zur Gegenwart haben nach und nach zwar verschiedene Aspekte beleuchtet und dazu beigetragen, das Phänomen Traum zu erklären, dennoch bleiben viele Fragen. Einige dieser Ideen haben an Bedeutung verloren, andere Auffassungen halten sich bis heute. Auffallend ist, dass alle Versuche, Träume in ihrem Wesen zu charakterisieren, durch das jeweilige Menschen- und Weltbild beeinflusst sind.

Bis weit ins Mittelalter hinein waren die Menschen davon überzeugt, dass Träume einen religiösen Ursprung haben. Deshalb hat man ihrer Botschaft einen absoluten Wahrheitsanspruch beigemessen – so wurden Träume zum Beispiel als Beweismittel in Hexenprozessen herangezogen. Im Zeitalter der Aufklärung standen die Philosophen allem Träumerischen zum Glück wieder skeptischer gegenüber, vielleicht manchmal zu skeptisch, denn für den aufgeklärten, selbstverantwortlichen und selbstbewussten Menschen waren Träume bedrohlich. Sie erschienen unkontrollierbar und ließen keinen deutlichen Bezug zum Wachleben erkennen. Nach Martin Bartels war der Traum damit der »Widersacher des Lebens«, der dem vernünftigen Handeln im Weg stand. Träume sind Schäume und Leute, die sich mit »so etwas« beschäftigen sind romantisch, lebens- und realitätsfern. Diese abwertende und auch vorurteilsvolle Haltung hat sich neben der zum Teil auch religiös-mystischen Sichtweise im öffentlichen Bewusstsein hartnäckig gehalten.

Die moderne Traumforschung versucht diesen einseitigen und polarisierenden Meinungen der Antike, des Mittelalters und der Aufklärung durch ein umfassendes psychologisches Verständnis von Träumen entgegenzuwirken. Sigmund Freud hat dies einer breiten Öffentlichkeit offeriert: Träume handeln seiner Ansicht nach von dem, was wir uns im Wachen verbieten, uns aber eigentlich sehr wünschen – und das waren um 1900 in erster Linie nicht gelebte sexuelle Bedürfnisse. Der Neurowissenschaftler Mark Solms greift diese Idee auf und bestätigt die Freudschen Thesen mit modernen bildgebenden Verfahren, die belegen, dass im Traum vor allem die motivationalen und emotionalen Bereiche im Gehirn aktiv sind. Im Traum geht es nach Solms also nicht um Belangloses, sondern die Themen kreisen um das, was uns wirklich wichtig ist. Das erkennen wir auch daran, dass in Träumen nicht viel rumgeplänkelt wird, es werden keine Komplimente verteilt und es gibt auch keine ritualisierten Umgangsformen.

Die Züricher Traumforscherin Inge Strauch formuliert das folgendermaßen: »Die Traumfiguren sagen gewöhnlich nicht ›Wie geht's?‹, wenn sie sich treffen, und sie überbrücken auch nicht die Zeit mit Gesprächen über das Wetter, sie langweilen sich nicht, sondern kommen gleich zur Sache.«[3] Sie rücken meist die emotionalen, konflikthaften Aspekte unseres Daseins in den Vordergrund. Sie handeln von Themen, die uns in unserer Entwicklung und Menschwerdung begleiten. Hätten die Philosophen der Aufklärung dieses Wissen über Träume geteilt, wären sie wahrscheinlich sehr erfreut gewesen, denn Träume unterstützen Menschen darin, ihr Leben selbstverantwortlich und selbstbewusst zu gestalten.

In den nun folgenden Kapiteln werden wir Ihnen detailliert darlegen, wie sich das »Wesen der Träume« aus einer modernen und integrierenden Sichtweise darstellt.

Es sprudelt unaufhörlich, von Anfang an

»Michel, schau mal, eben lag Karla noch still und friedlich da und schlummerte, jetzt brabbelt und wimmert sie leise. Sie hat die Augen geschlossen, aber die Lider zittern irgendwie..« So beschreibt Marie ihre schlafende Tochter, die gerade mal 6 Wochen alt ist.« »Ja«, erwidert Michel, ihr Mann: »Kürzlich hat sie beim Schlafen ihr Näschen gerümpft und sogar das Händchen geschlossen und geöffnet. Ich denke, dass Carla ganz mit dem Geschehen in ihrem Inneren be-

---

[3] Strauch, Inge; Maier, Barbara: Den Träumen auf der Spur. Zugang zur modernen Traumforschung. Bern: Huber 2004. S. 250.

schäftigt war. Sie hat zumindest nicht reagiert, als ich sie angesprochen habe.«

Was passiert da? Ist das Baby etwa im Schlaf mit dem letzten Fläschchen beschäftigt oder übt es im Geiste das Greifen? Träumt das Baby?

Was Marie und Michel hier beschreiben, ist das Ausdrucksverhalten eines schlafenden Babys während des sogenannten REM-Schlafs. Diese Schlafphase ist daran zu erkennen, dass sich die Augen bei geschlossenen Lidern von einer Seite auf die andere bewegen. Die Schlafphasen der »schnellen Augenbewegungen« wechseln sich mit den Tiefschlafphasen ab. Neuere Untersuchungen zeigen, dass wir in allen Schlafphasen träumen können. Bis zu einem Drittel unserer Lebenszeit dürften wir also träumend verbringen.

Fast alle Erwachsenen und Kinder berichten von einem Traum, wenn sie aus einer REM-Schlafphase aufgeweckt werden. Deswegen ist es nicht ausgeschlossen, dass auch Babys in diesen Phasen träumen. Der paradoxe Schlaf, wie diese Schlafphase auch genannt wird, findet sich bereits ab dem sechsten Schwangerschaftsmonat. Dies lässt sich nachweisen, indem die Bewegungen von Föten im Mutterleib aufgezeichnet werden. Sie ähneln den Bewegungen von Babys im REM-Schlaf: Kleine Bewegungen der Finger, der Hände und der Füße. Manchmal verziehen sie auch das Gesichtchen, so als wären sie zornig, verstimmt oder würden sich besonders wohlfühlen. Das erste Schaulaufen der Gefühle findet im Schlaf statt, und wenn Sie Glück haben, dann schenkt Ihnen Ihr Baby schlafend das sogenannte Engelslächeln. Es ist ein instinktives nicht gelerntes Verhaltensmuster, eine Art Vorstufe des späteren Lächelns wie wir es kennen. Was aber erleben Babys, wenn sie im Schlaf schmunzeln oder die Stirn runzeln? Könnte es tatsächlich sein, dass bereits Babys, ja sogar Föten träumen?

Der Offenbacher Psychologe Werner Gross meint dazu in einem Interview, dass Träume vermutlich keinen fassbaren Inhalt haben, der Fetus im Schlaf aber Erfahrungen im Mutterleib verarbeitet und so die neuronale Vernetzung im Gehirn ausarbeitet.[4]

Was Kinder im Schlaf wirklich erleben, können wir erst erfahren, wenn sie ihre Erfahrungen mit Worten beschreiben können. Das ist bekanntlich etwa mit dem dritten Lebensjahr möglich. Dann können Sie Ihr Kind durch Fragen zum Erzählen ermutigen. Offensichtlich ist Träumen also von Anfang an ein fundamentaler Bestandteil menschlichen Erlebens und begleitet uns das ganze Leben. Ist es da nicht naheliegend, genauer hinzuschauen?

Kinder träumen mit Leib und Seele

Wenn wir angstvoll und gehetzt aus einem Alptraum erwachen, dann ist dies weit mehr als bloßes Fantasieren. Es ist ein existenzielles Erlebnis, bei dem es um alles geht. Man sollte also meinen, dass Kinder sich –

---

[4] Aus einem dpa-Interview, wiedergegeben auf www.punkt-apotheke.com/newstickerneuearzneimittel.html im Artikel *Gehirngymnastik für Feten*.

für Außenstehende sichtbar – mit Händen und Füßen wehren, wenn sie im Traum von einem Tyrannosaurus Rex ausweglos in eine Höhle getrieben werden. Erstaunlicherweise ist dies aber nicht der Fall. Wenn man Kinder am frühen Morgen beim Träumen beobachtet, stellt man fest, dass sie ganz regungslos daliegen – auch dann, wenn es im Traum richtig ernst wird, wenn es sozusagen um Leben und Tod geht. Das Kind atmet lediglich ein bisschen schwer und die Augenlider vibrieren, aber sonst bewegt es sich nicht. Der Körper ist wie gelähmt, da der Muskeltonus vollkommen erschlafft ist. Das Kind befindet sich in einer REM-Schlafphase bzw. in einer aktiven Schlafphase.

Was bedeutet es aber, in einer REM-Phase aktiv zu sein, wenn doch das Kind bewegungslos ist? Schauen wir ins Innere des Körpers: Der Puls und die Atmung sind unregelmäßig und erhöht. Das Gehirn ist hellwach und fast überall wird geschuftet und gerackert. Hormone werden ausgeschüttet, Millionen von Nervenzellen feuern vom Hirnstamm aus in die oberen Gehirnregionen und kontaktieren Milliarden anderer Gehirnzellen. Dabei haben sie alle einen ungeheuren Appetit und verspeisen jede Menge Zucker. Besonders jene Areale, in denen unsere Gefühle entstehen, sind sehr hungrig. Der Stoffwechsel ist in beiden Gehirnhälften gleichermaßen aktiv. Die Sprach- und Denkprozesse der linken Gehirnhälfte freunden sich mit den emotionalen und kreativen bild- und symbolhaften Prozessen der rechten Gehirnhälfte an. Darüber hinaus bewegen sich die Augen ruckartig und unaufhörlich von einer Seite auf die andere. Es scheint so, als würden sie wie gebannt einem spannenden Geschehen folgen. Wenn Sie Ihre Kleinen in den Morgenstunden beim Schlafen beobachten, können Sie unter den geschlossenen Lidern die Augenbewegungen deutlich erkennen – wie Marie und Michel bei ihrem kleinen Baby. Man kann sagen, dass das vegetative Nervensystem und der Geist in den REM-Schlafphasen wach sind.

In einem Alptraum ist die Herzfrequenz erhöht und die Atmung ist beschleunigt und flach. Ganz so, als wenn wir uns im Wachzustand vor etwas ängstigen. Das könnte erklären, warum wir Angstträume als ganzheitlich und authentisch erleben und warum Kinder aus einem Alptraum sehr bewegt erwachen können. Die inneren physiologischen Vorgänge schlafen also nicht und trotzdem lässt sich von der inneren Aufgeregtheit nichts erkennen? Vielleicht haben Sie Ihr schlafendes Kind schon mal sprechen hören? Diese Beobachtung können Sie in allen Schlafstadien machen. Manchmal sprechen Kinder im Schlaf. Vermehrt, wenn sie eine fiebrige Erkrankung durchmachen oder tagsüber sehr gestresst waren. Das, was Kinder dann so vor sich hinbrabbeln klingt meistens unzusammenhängend und wenig logisch. Würde man sie aber im selben Moment darauf ansprechen, kann es durchaus sein, dass sie angemessen darauf reagieren. Wenn Kinder im Schlaf sprechen, ist das nichts anderes als der sprachliche Ausdruck kognitiver Prozesse und mentaler Aktivitäten, die auch nachts auf Hochtouren laufen.

Der Traum, der geistige Blinddarm?

So eigentümlich es klingt: Träume gab es, bevor der Mensch existierte. Schon vor ca. 200 Millionen Jahren entstanden bei Tieren die biologischen Strukturen und Mechanismen, die das Träumen ermöglichen. Das Phänomen »Traum« ist untrennbar mit der Entwicklung des Lebens auf der Erde verbunden und gehört zum Wesen der meisten Säugetiere und der Vögel. Vielleicht haben Sie schon einmal einen schlafenden Hund beobachtet. Im Gegensatz zum Menschen bewegen sich Hunde im REM-Schlaf gelegentlich. Die Unterdrückung des Muskeltonus ist demnach weniger stark ausgeprägt. Hunde zucken mit den Beinen, legen die Ohren an, bewegen die Barthaare und wedeln mit dem Schwanz oder winseln. Der Gedanke liegt also nahe, dass auch Tiere wie Hunde und Katzen im Schlaf etwas erleben, das man als Träumen bezeichnen könnte. Dass das tatsächlich so ist, kann man bei Tieren nachweisen, bei denen durch operativen Eingriff am Hirnstamm die natürliche Absenkung des Muskeltonus im Schlaf nicht mehr funktioniert. (Dies geschieht auf sehr grausame Weise im Tierexperiment). Erhalten die Muskeln infolge dieses Eingriffs Signale vom Gehirn, verhalten sich die Tiere ähnlich wie im Wachzustand. Während dieses konfusen Schlaf-Wachverhaltens scheinen die Tiere ihren Traum auszuagieren. Das sieht dann so aus, dass sie nicht auf angebotenes Futter reagieren und auch äußere Reize und den Raum, in dem sie sich bewegen, ignorieren. Andererseits wirken sie jedoch überaus aktiv: Sie scheinen sich zum Beispiel zu verteidigen, etwas Imaginäres anzugreifen oder den Raum zu erkunden. Dass auch Tiere träumen, lässt sich also nachweisen, wenn auch auf höchst fragwürdige Art und Weise.

Doch aus welchem Grund hat die Natur Lebewesen mit der besonderen Fähigkeit zum Träumen ausgestattet? Wir wissen, dass Organe wie Leber, Herz oder Lunge überlebenswichtig sind. Auch mentale Prozesse wie Rechnen, Sprechen und Denken haben eine Funktion. Wie sieht es aber mit dem Träumen aus – wozu dient es Mensch und Tier?

Manche Menschen glauben daran, dass Träume die Pforte zu einer anderen Welt sind, dass ihre verstorbenen Verwandten mit ihnen im Traum Kontakt aufnehmen können oder ihre Seele im Traum den Körper verlässt und vielleicht auch einen Blick in die Zukunft riskiert. Viele Forscher hingegen beschreiben Träume ganz nüchtern als unnütze Abfallprodukte des Schlafes und bezweifeln, dass sie irgendeine Funktion haben. Ganz ähnlich wie der Blinddarm – der Traum als ein verzichtbares Anhängsel unserer geistigen Fähigkeiten?

Die Meinungen über den Traum bewegen sich also in einem enormen Spannungsfeld. Auf der einen Seite werden sie esoterisch überhöht, ja mystifiziert, und auf der anderen Seite rational abgewertet, ignoriert. Wahrscheinlich liegt die Wahrheit irgendwo in der Mitte. Konkrete Antworten gibt es allerdings nicht. Es ist auch nicht möglich, die jeweilige Funktion der Träume, des Tiefschlafs und des REM-Schlafs getrennt voneinander zu untersuchen, da sie sich überlagern. Selbst die Funktion des Schlafens ist nicht ausreichend geklärt und somit bleiben alle Versuche, die Funktion des Träumens zu bestimmen, spekulativ.

Sigmund Freud war davon überzeugt, dass wir im Traum Wünschen nachgehen, die wir uns im Wachen versagen. Andere Forscher meinen, dass das nächtliche Fantasieren dabei helfen kann, sein seelisches Gleichgewicht zu erhalten. Vielleicht kennen Sie das ja auch: Mies gelaunt einschlafen und am nächsten Morgen erholt, frisch und gut gelaunt aufwachen. Der Volksmund formuliert diese Verwandlung so: »Morgen sieht die Welt ganz anders aus.« Dr. Michael Schredl vom Zentralinstitut für seelische Gesundheit in Mannheim meint, dass Träume eine ganz ähnliche Funktion haben wie das Denken und Nachsinnen im Wachen. Sie helfen uns Probleme oder Stress zu erkennen und zu verarbeiten, kreativ zu sein und Sinn zu finden. Professorin Inge Strauch, Traumforscherin aus Zürich, glaubt, »…dass die Psyche die Zeit des Schlafens nutzt, um Erinnerungen und im Wachen angesammelte Eindrücke in neue Erlebnisse umzusetzen und damit wieder aufleben zu lassen. Diese sinnvolle Ausgestaltung der Träume kann somit auch dazu beitragen, Wacherleben zu verarbeiten und Problemlösungen zu erproben.«[5]

Neben diesen psychologischen Funktionen wird auch diskutiert, ob Träume eine physiologische Funk-

---

5 Strauch, Inge; Maier, Barbara: Den Träumen auf der Spur. Zugang zur modernen Traumforschung. Bern: Huber 2004. S. 256.

tion haben. So glauben manche Forscher, dass sie eine wichtige Rolle bei der Gedächtnisbildung spielen. Andere gehen davon aus, dass Träume vor allem Reifungsprozesse des Gehirns unterstützten. Letztendlich weiß man es nicht definitiv. Solange es viele Vermutungen aber keine eindeutigen Erkenntnisse gibt, haben wir die Freiheit, uns selbst Antworten zu geben. Überlegen Sie selbst: Wozu sind Ihres Erachtens Träume gut? Was auch immer Ihnen zu dieser Frage einfällt – mit Ihrer Antwort zeigen Sie, wie Sie mit Ihren nächtlichen Erlebnissen umgehen wollen. Wir glauben, dass der Mensch und somit auch das Kind im Traum sein Leben und seine Erfahrungen reflektiert, mit dem Ziel, sich zu entwickeln und zu reifen. Dies geschieht auf eine ganz besondere Art und Weise, die wir im nächsten Abschnitt erörtern möchten.

Dem Traumgeschehen unkritisch ergeben

Traumerfahrungen sind anders. Im Traum hinterfragen wir unsere Erlebnisse nicht. Da erheben wir uns über die herrlichsten Landschaften und sind fest davon überzeugt, fliegen zu können. Kinder reden mit Tieren und zweifeln keinen Moment daran, dass der nette Husky menschenähnlich agieren und sprechen kann. Alles ist selbstverständlich, vieles ist möglich und zahlreiche Begrenzungen, die uns im Wachleben stören, werden im Schlaf ignoriert. Der Traum wirft alle Erfahrungen des Lebens wild und scheinbar regellos durcheinander. Es herrscht ein buntes Zusammenspiel von Eindrücken und Erfahrungen, die wir im Leben so gesammelt haben. Woran liegt das?

Wie oben schon erwähnt ist das Gehirn im Schlaf recht wach. Es gibt zwar unterschiedliche Aktivitätsniveaus, aber im Großen und Ganzen können wir sagen: Das Gehirn ist im REM-Schlaf hoch aktiv. Allerdings gibt es da bestimmte Regionen, die nachts fast keinen Mucks machen, oder anders formuliert: Dort ist die Stoffwechseltätigkeit stark reduziert. Das ist derjenige Teil, der es uns ermöglicht, Entscheidungen zu treffen und zu planen aber auch Erfahrungen zu bewerten und zu kritisieren. »Habe ich heute genügend gearbeitet?«, »Ich sehe wieder unmöglich aus!«, »Muss der Herr Nachbar gerade jetzt zur Mittagszeit seinen Rasen mähen?«. Und sehr beliebt: »Das schaffe ich niemals!« Das sind typische Fragen und Aussagen, mit denen wir unseren Alltag, unser Handeln und Erleben fortwährend kommentieren. Nachts hingegen sind wir befreit von dieser selbstbezogenen und tadelnden Haltung. Wenn Sie genau Acht geben, bemerken Sie beim Aufwachen, wie sich das kritische Bewusstsein langsam wieder aus seinem Schneckenhaus heraustraut und sogleich mit seiner Arbeit beginnt: »Das war ja mal wieder ein blöder Traum!« oder: »Was habe ich jetzt schon wieder Unsinniges geträumt?« Wie erholsam, dass diese eigentlich belastenden kritischen Äußerungen mit dem Einschlafen verschwinden und kreative Prozesse das Szenario beherrschen. Das Ich ist zwar Teilhaber des Geschehens, aber nicht Initiator von Gedanken, Bildern, Erlebnissen, Metaphern und Symbolen. Wir sind dem Geschehen sozusagen ergeben. Das ist gut so. Denn abgelöst von einem kritischen Bewusstsein können sich Erfahrungen neu organisieren und gestalten.

Das Verhaftetsein im Augenblick ist ein weiteres Merkmal, wie wir unsere Träume erleben. Es gibt kein Früher oder Später. Wir wiegen uns im Traumgeschehen, lassen uns treiben und überlassen es dem Wohlwollen unseres Geistes, wo wir ankommen.

Untersuchungen bei Erwachsenen haben gezeigt, dass wir im Traum zu allerhand Gefühlen fähig sind, uns selten jedoch für eine bestimmte Handlung schuldig fühlen oder uns für etwas schämen. Auch das ist ein weiteres Indiz dafür, dass wir unser Verhalten im Traum nicht bewerten. Wenn Kinder im Alter von circa 2 bis 3 Jahren soziale Regeln lernen und ein inneres Wertesystem über das Zusammensein mit der Familie aufbauen, entwickelt sich parallel dazu das kritische Bewusstsein. Im Traum allerdings entledigen sie sich diesem engen Korsett von Geboten und Verboten und entschweben befreit in eine Fantasiewelt, die ihnen erlaubt, mit Grenzen und Regeln zu spielen. Da kuschelt sich die Hündin Sina schon mal im Traum in Fabians Bett, auch wenn Mama das ausdrücklich verboten hat. Nun könnte man meinen, dass Kinder und Erwachsene sich im Traum mal richtig gehenlassen, übertreiben und hemmungslos sind, aber das stimmt nicht. In der Regel bleiben wir in den Traumvorstellungen und Handlungen – trotz aller Freiheiten – maßvoll und angemessen.

Woher kommen die Träume?

Ein Gespräch über Träume, das Viola mit Kindern in einer Kindertagesstätte geführt hat:

Viola (Pädagogin): Was glaubt ihr, woher kommen denn die Träume?
Laura (6 Jahre alt): Die Träume kommen von den Engeln.
Tim (6 Jahre alt): … sie kommen aus dem Himmel.
Katharina (5 Jahre alt): Aus dem Sehen raus, wenn man was im Fernseher gesehen hat und dann träumt man das in der Nacht.
Johannes (7 Jahre alt): Aus den Gedanken und wenn man sich etwas wünscht.
Anna (9 Jahre alt): Ein Traum hat oft etwas mit den Büchern zu tun, die ich gerade lese oder gelesen habe.

Kinder äußern spontan ihre Einfälle, wenn sie gefragt werden, woher Träume kommen. Im Laufe der Geschichte gab es immer wieder die unterschiedlichsten Antworten darauf. Diese sind gar nicht so verschieden von Lauras und Tims Antworten. In den Schriften der alten Völker, wie den Ägyptern und den Babyloniern und auch im Alten Testament, waren Träume ausnahmslos von Gott gesandt. Die Menschen gingen damals davon aus, dass ihnen die Götter im Traum einen gleichnishaften Blick in die Zukunft gewährten. Es war dann die Aufgabe der Traumkundigen – meist speziell ausgebildeter Priester – die rätselhaften

Traumbilder zu entschlüsseln. Mit Hilfe dieser dechiffrierten Gottesnachrichten wurde dem Träumer und manchmal gar einem ganzen Volk – wir denken dabei an den biblischen Josef – die Zukunft prophezeit.

Für Homer – einem Dichter der griechischen Antike – waren Träume sogar geflügelte Wesen, die dem Träumer göttliche Botschaften überbrachten. Der griechische Philosoph Platon hingegen glaubte, dass sich die Seele im Traum von den irdischen Fesseln löst, um in die Welt der Ideen aufzusteigen und die göttliche Wahrheit zu schauen.

Was verrät uns dieses damalige Traumverständnis? Zum einen kann man daran sehen, welch hohen Stellenwert Träume im Leben der Menschen in der damaligen Zeit hatten. Zum anderen verrät es uns etwas über deren tiefe Religiosität und Verbundenheit mit Gott. Für die Menschen der Antike war klar, dass Träume weit über die eigene Person hinausreichen und jeder Mensch im Schlaf in jenseitigen und göttlichen Gefilden weilte.

Natürlich hatten die Menschen aber auch damals schon Träume, in denen es um die ganz alltäglichen Dinge ging. Die wirren, erotischen, beschämenden und angstvollen Träume. Konnten die von Gott gesandt sein? Ein Dilemma, das die Denker, Theologen und Philosophen der letzten zweitausend Jahre sehr intensiv beschäftigte. Die Kirchenfürsten des Christentums bemühten sich um eine Antwort und meinten: Die guten Träume sind göttlichen Ursprungs und die anderen, die bösen, werden vom Teufel geschickt. Das war eine sehr vage Unterscheidung, denn wo genau verläuft die Trennlinie? Doch einerlei – dies hielt die Menschen nicht davon ab, Träume sogar als Rechtfertigung für schlimmste Bestrafungen heranzuziehen.

Auch wir modernen Menschen erfahren dies ganz ähnlich. Neben den alltäglichen oder wirren Träumen sind manch andere wiederum so lebensfremd und alltagsfern, dass wir glauben könnten, sie wären nicht von dieser Welt. Manche Menschen machen zum Beispiel tief gehende spirituelle Erfahrungen, sehen Bilder oder haben Visionen, die nur wenig mit ihrem realen Leben zu tun haben. Manche glauben im Traum, einen Blick in die Zukunft erhascht zu haben. Viele Menschen träumen von Katastrophen, Unfällen oder vom Tod eines nahen Angehörigen, entsetzliche Dinge, die schließlich wirklich eintreffen. Andere begegnen ihren verstorbenen Angehörigen im Traum, erhalten von diesen Ratschläge oder werden von ihnen getröstet.

Auch Kinder kennen schon diese ganz andere, alltagsferne Art des Träumens. Sie bekommen im Traum Besuch von ihren verstorbenen Großeltern oder machen religiös-spirituelle Erfahrungen. Wie zum Beispiel der 5-jährige Jonas, der das dann folgendermaßen ausdrückt: »Ich glaube, dass Träumen so ähnlich ist wie beim lieben Gott sein.« Hier schwingt die Gewissheit mit, dass Traumerfahrungen etwas ganz anderes sind als Alltagserfahrungen.

Auf die meisten Menschen wirken solche Erlebnisse eher unheimlich und befremdlich als schön und erhaben, weil sie den Rahmen ihrer Alltagserfahrungen sprengen. Letztendlich gibt es keine Antwort auf die Frage, ob zum Beispiel Wahrtraumerfahrungen auf bloßem Zufall beruhen oder die Psyche tatsächlich die Fähigkeit besitzt, sich der Fesseln der Zeit zu entledigen. Von Wissenschaftlern wird dies eher belächelt, und es scheint nur eine Frage der Zeit, bis sie auch diese Erlebnisse auf die ganz spezifischen Funktionsweisen des Gehirns zurückführen und somit aus dem Bereich der Spiritualität und des Religiösen verbannen.

Heute gehen die Traumforscher davon aus, dass die Träume ihr Material ganz aus der Lebensfülle des Träumers nehmen: Aus seiner Persönlichkeit, aus all seinen Erfahrungen und Erinnerungen, seiner aktuellen Lebenssituation und aus dem, was der Träumer tagsüber erfährt, fühlt und durchdenkt. Unsere Traumbilder speisen sich demnach ausschließlich aus der Innenansicht unserer Erfahrungen. Maßgebend ist dabei, wie wir die Welt wahrnehmen und erleben bzw. wie wir sie uns konstruieren. Aber wie lassen sich diese Innenansichten beschreiben?

Wenn Kinder Ihnen nun einen Traum erzählen, kann es außerordentlich spannend sein, die Quellen der Traumbilder zu erkunden. Dann kann man danach fragen, aus welchen Gedanken, Empfindungen, Erlebnissen und Erinnerungen Traumbilder bestehen und wie diese zu den aktuellen Erfahrungen passen. Ein Beispiel ist der Traum von Markus (11 Jahre alt):

> *Ich träumte davon, dass ich mit einem Fahrrad über den See gefahren bin. Ich trat mächtig in die Pedale, weil ich unbedingt schneller sein wollte als meine Freunde mit den Ruderbooten. Dabei musste ich etlichen Booten ausweichen*

*und fortwährend strampeln, damit ich nicht
ins Wasser falle und untergehe.*

Im Gespräch mit dem Vater berichtet Markus:

- »Gestern hat es ganz schlimm geregnet. Ich war mit meinem neuen Mountainbike unterwegs. Es war super gefährlich, weil alles voll mit Wasser war. Überall große Pfützen. Ich war klitschnass und konnte nicht bremsen, aber irgendwie war das spaßig.« Markus empfindet das Radfahren im Traum ganz ähnlich wie das Radfahren durch den strömenden Regen am Tag zuvor. Im Traum tauchen somit Erlebnisse des Vortages auf, die in einen anderen Bedeutungszusammenhang eingefügt werden.
- »Ich hatte mal ein Computerspiel, da musste ich mit einem Schnellboot Fässern, die im Wasser lagen, ausweichen. Genau so, wie ich im Traum den Ruderbooten ausgewichen bin.« Im Traum finden sich frühere Erlebnisse und werden einem aktuellen Thema angeglichen.
- »Jesus kann auch über das Wasser gehen.« Im Gespräch über den Traum taucht eine Erinnerung an den Religionsunterricht auf, die ihn sehr beeindruckt hat. Träume sind manchmal auf ältere Erfahrungen bezogen, wobei auch sehr frühe Erfahrungen aus der Kindheit zu finden sein können – meist in abgewandelter Form.
- »Die meisten Jungs in den Booten sind in der Schule besser als ich.« Im Traum ist es gerade anders, dort ist er der Überlegene. Durch dieses Bild wird

seine eher schlechte Stellung in der Klasse kompensiert. Damit sind Aspekte seiner Persönlichkeit, seines Selbstbewusstseins und der Beziehungen zu anderen Menschen abgebildet.
- »Es hat Spaß gemacht, alle zu überholen.« Damit ist ein Wunsch benannt, den er sich normalerweise beim Spielen am Computer erfüllt: Besser zu sein als die anderen und Spaß zu haben.

In den Träumen bildet sich all das ab, was wir können, was wir gerne tun würden, was wir uns wünschen, wovor wir uns ängstigen, was wir erhoffen, was wir gerne überwinden würden – schlicht unsere ganze Persönlichkeit. Auch die Beziehungen zu anderen Menschen und damit eng verbunden unsere Erinnerungen, unsere Kindheitserlebnisse und das, was wir momentan erleben und was uns wichtig ist. Daraus ergibt sich dann ein Bild, ein Symbol oder eine kleine Geschichte, worin sich eine Vielzahl von Erlebnissen integriert. Jeder, der sich schon lange mit Träumen beschäftigt, ist immer wieder aufs Neue tief beeindruckt von der schönen inneren Logik, mit der die einzelnen Wacherfahrungen Nacht für Nacht sinnvoll und passend miteinander verwoben werden.

Wie der Traum von Markus deutlich macht, ist es ein Merkmal von Träumen, dass ein Bild oder Symbol mit vielen verschiedenen Aspekten bzw. Erinnerungen assoziiert sein kann. Freud nannte dies sehr anschaulich Verdichtung. Nach welchen psychologischen Regeln sich diese Erfahrungen im Traumbild aber verdichten, ist niemandem bekannt. Es scheint ein geheimnisvoller »Klebstoff« zu bleiben, dessen innere Struktur noch nicht ausreichend erforscht und beschrieben worden ist.

In den Träumen ist der Geist allerdings nicht nur auf sich selbst bezogen, sondern er lauscht auch auf die Signale, die aus dem Inneren des Körpers stammen. Vor allem aber achtet er auf das, was die Sinne vermitteln, denn auch wenn wir in der Nacht von dem, was »draußen« passiert wenig mitbekommen, bleiben wir sensibel für das, was den Körper umgibt.

Der Ausdruck von Außenreizen im Traum

Während Frauen beim Schreien ihres Babys aufwachen, bleiben Männer bekanntlich lieber liegen. Wahrscheinlich deswegen, weil der Sinneseindruck »weinendes Kind« im Traum durch ein anderes Geräusch ersetzt wird, beispielsweise durch eine pfeifende Lokomotive, eine quietschende Tür oder das Fauchen eines Wildtieres. Damit erhalten sich die Männer – frei nach Freud – ihren Schlaf. Nun haben Psychologen viele Experimente gemacht und die Probanden auf verschiedene Art und Weise gereizt. So wurden ihnen Lichtblitze oder Geruchsreize verabreicht, Wasser auf die Haut gesprüht, der eigene Name ins Ohr geflüstert, sanfte Elektroschocks gegeben. Dabei zeigte sich, dass sich alle Reize in irgendeiner Form im Traum finden können aber nicht müssen. Bedingung dafür, dass uns ein Außenreiz erreicht, ist dessen Intensität. Die Stimulierung des jeweiligen Sinnes muss einen gewissen Schwellenwert übersteigen. Wenn Sie das selbst einmal ausprobieren möchten, versuchen Sie Folgendes: Halten Sie Ihrer Tochter oder Ihrem Sohn während der Phase der schnellen Augenbewegungen für eine Minute eine stinkende Socke unter die Nase. Wenn Sie Ihr Kind dann aufwecken und fragen würden: »Was ist dir gerade so alles durch den Kopf gegangen?«, könnten Sie möglicherweise folgenden Traumbericht erhalten:

Ich spiele am See, draußen mit anderen Kindern. Wir matschen im Dreck und haben eine Strandburg gebaut. Meine Hände riechen irgendwie nach Hundepippi.

Der Geruchsreiz wird in einer abgewandelten Form in die Traumgeschichte mit eingewoben. Der beste Weg, auf diese Weise ein Traumbild mitzugestalten, geht über die Ohren. Flüstern Sie also Ihrem Kind etwas Nettes ins Ohr und wecken Sie es anschließend behutsam auf. Sie lernen dabei die kreativ-spielerische Komponente der Traumentstehung hautnah kennen.

Der Ausdruck von körperlichen Zuständen im Traum

Fast jeder hat schon einmal folgende Erfahrung gemacht: Man sucht im Traum verzweifelt eine Toilette, weil man von einem drängenden Bedürfnis gequält wird. Irgendwann erwacht man geplagt und ist überaus froh, auf die Toilette gehen zu können. Glück gehabt! Nochmal gutgegangen. Aber was ist mit den Kindern, die nachts noch nicht trocken sind? Träumen diese auch vom Wasserlassen? Ja, sie tun es, aber meist als Reaktion auf das beschämende Vorkommnis, denn das nächtliche Einnässen ist eine Begleiterscheinung des Tiefschlafs. Der Traum, der aus einer REM-Schlafphase erinnert wird, ist dann nicht die Ursache des Bettnässens, sondern eher die Folge und damit ein Versuch, das peinliche Geschehen zu bewältigen.

Während äußere Reize sehr wohl im Traum verarbeitet werden, ist der Datenstrom aus dem Inneren des Körpers zum Traumbewusstsein hin weniger durchlässig. Es gibt einige Ausnahmen wie Harndrang oder Atemnot, aber in der Regel bilden sich körperliche Prozesse selten im Traumbild ab. Wie ist das bei körperlichen Erkrankungen? Es gibt wenige Untersuchungen zu diesem Thema, doch diese legen nahe, dass akute Erkrankungen selten im Traum symbolisch dargestellt sind. Auch somatische Beschwerden kündigen sich offensichtlich nicht in Träumen an. Das schließt nicht aus, dass Träume Vorboten einer Erkrankung sein können, aber das ist ausgesprochen selten der Fall. Wenn doch, dann meist deshalb, weil sich das Wachbewusstsein bereits darauf eingestellt hat. Leicht erhöhtes Fieber, ein schwaches Ziehen in der Magengegend oder latente Zahnschmerzen könnten im Traumbild zu ernsthaften Erkrankungen auswachsen. Es schadet sicher nicht, dies im Wachen zu überprüfen, aber ganz grundsätzlich gilt: In Träumen auf Hinweise zu achten, die zukünftige Beschwerden vorhersagen, ist eher belastend als erkenntnisreich.

Machen Sie sich also keine Sorgen, wenn Ihr Kind davon träumt krank zu sein, es aber tatsächlich nicht ist – entweder verarbeitet es eine durchstandene Erkrankung oder es benutzt das Bild »krank sein« metaphorisch für eine seelische Bedürftigkeit. Fragen Sie Ihr Kind, was ihm fehlt, was es sich wünscht, wovor es sich ängstigt, und nehmen Sie sich mehr Zeit als üblich für das einfühlsame Traumgespräch.

Anders sieht es aus, wenn Kinder Fieber haben, denn dies verändert die Traumqualität erheblich. Erklärt wird dies damit, dass die Blut-Hirn-Schranke im fiebrigen Zustand für allerlei Stoffe durchlässiger ist als im gesunden Zustand. Je nach Erkrankung und Leidensdruck können die Betroffenen von angenehmen Fieberträumen erzählen, in denen sie außerordentlich kreativ waren. Andere haben schwere Alpträume bis hin zu sehr belastenden Halluzinationen, die chaotisch, unverbunden und bedeutungslos erscheinen.

Was bedeutet dieser Traum?

Sabine (13 Jahre alt) träumte nun schon zum dritten Mal diesen Traum:

> *Meine Zähne lockern sich und einige fielen sogar aus.*

Was bedeutet es eigentlich, wenn ich von ausgefallenen Zähnen träume, fragt sich Sabine. Sie schaut im Internet nach und wird fündig. Ausfallende Zähne –

so kann man unter dem entsprechenden Stichwort nachlesen – bedeutet, etwas im Leben hinter sich zu lassen oder in eine neue Lebensphase einzutreten. Sabine denkt kurz darüber nach, wird aus diesem Hinweis aber nicht recht schlau. Nun ist sie ein wenig ratlos und weiß mit dieser »Deutung« nichts anzufangen.

Fertige Deutungsangebote haben ihren Reiz, ihnen haftet etwas Geheimnisvolles an, und wir bekommen erst einmal Futter zum Nachdenken. Sie stillen unseren Hunger nach Erkenntnis aber kaum besser als eine Fertigpizza den Gaumen eines Gourmets zufriedenstellen könnte. In Traumseminaren und Beratungen machten wir ähnliche Erfahrungen. Eltern erwarteten manchmal, dass wir ihnen sagen, was der Traum Ihrer Kinder bedeutet. Ein verständlicher Wunsch – jemand, der sich mit Träumen und Traumsymbolen auskennt, legt die seelischen Nöte und unbewussten Konflikte des Kindes frei. Doch Hand aufs Herz: Wie sollte jemand einen Traum verstehen, wenn er vom Träumer nicht mehr weiß als eine in wenigen Sätzen zusammengefasste, oft wirr erscheinende Geschichte?

Woher rührt aber das Bedürfnis des Menschen, die Bedeutung eines Traums zu erfahren? Der Mensch ist ständig auf der Suche nach Sinn. Träume hingegen, erleben wir meist als befremdlich und sinnfern. Ein Zustand, den wir als unangenehm empfinden und den wir auflösen möchten. Wie kann uns das gelingen? Verstehen ist das Erkennen von Zusammenhängen. Der Zusammenhang zwischen Traumbild und den dazu passenden tatsächlichen Erfahrungen wird als bedeutungsvoll erlebt. Wenn wir eine solche Verflechtung erkennen, ist das meist ein Aha-Erlebnis. Die Deutung eines Traumes kann also nicht richtig oder falsch sein, sie fühlt sich stimmig an oder eben nicht. Deshalb bevorzugen wir auch den Begriff des Verstehens und nicht den der Deutung. Eine Deutung legt nahe, dass es eine objektiv gültige Antwort gibt, die uns sagt, was genau wir in unserem Leben ändern sollen und die sich in einem Symbolbuch zusammenfassen lässt.

Doch zurück zu Sabines Traum. Lassen wir die Träumerin und ihre Tante Steffi selbst zu Wort kommen und sehen wir, wie der Prozess des Verstehens durch ein Traumgespräch eingeleitet werden kann:

Steffi: Du hast also geträumt, dass deine Zähne sich lockern und ausfallen – muss ja ein komisches Gefühl sein.
Sabine: Ja war's auch, ich hatte sogar richtige Angst.
Steffi: Ist vielleicht irgendetwas mit deinen Zähnen nicht in Ordnung?
Sabine: Vielleicht hat es ja mit meiner Zahnspange zu tun. Ich denke manchmal, dass die Spange meine Zähne locker macht. Vor allem, nachdem ich beim Zahnarzt war. Der zieht die Spange immer so fest an.
Steffi: Hast du das denn dem Zahnarzt mal gesagt?
Sabine: Nein, in der Praxis muss das immer so schnell gehen.
Steffi: Haben sich denn in deinem Traum alle Zähne gelockert oder nur einer?
Sabine: Ich glaube nur einer. Das war so ähnlich wie mit meinen Milchzähnen. Das war auch immer so

ein komisches Gefühl. Da kann man an nichts anderes denken, die ganze Zeit, als an den Zahn. Ist auch irgendwie ganz schön, so mit der Zunge am Zahn rumzuspielen.

Wir sehen an diesem Beispiel, welche Wacherfahrungen den Traum von den ausfallenden Zähnen gespeist haben könnten: Sabine macht offensichtlich ihre Zahnklammer zu schaffen, was sie mit ihrem Zahnarzt nicht offen besprechen konnte. Ihre Sorge bleibt bestehen und könnte sich nachts erneut zu Wort melden. Durch einige gezielte Fragen ihrer Tante findet Sabine den Zusammenhang zwischen dem, was sie geträumt und dem, was sie in den letzten Tagen so erlebt hat. Das befremdliche und komische Gefühl beim Aufwachen macht der Gewissheit Platz, dass Träume wichtig sind. Sabine wird klar, dass sie sich im Traum damit beschäftigt, was sie tagsüber weniger beachtet, ignoriert oder auch gedanklich nicht loslässt. Sabine fühlt sich durch den Traum sogar aufgefordert, etwas gegen ihr Problem zu unternehmen: »Dem Zahnarzt werde ich jetzt einfach mal sagen, dass er die Spange zu fest zuzieht. Dann muss der sich halt mal Zeit nehmen für mich!«

Und was ist mit der »Deutung« aus dem Symbolbuch? Sabine befindet sich tatsächlich in einer neuen Lebensphase, der Pubertät, aber ob das wirklich etwas mit dem Traum zu tun hat? Uns scheint dieser Zusammenhang eher zweifelhaft. Wir bevorzugen die persönlichen Assoziationen unserer Träumerin, denn kein Buch über Traumsymbole könnte ihr zu derlei persönlichen Einsichten verhelfen. Warum also sollten wir uns mit Konservenware in Form von vorgefertigten Symboldeutungen zufriedengeben, wenn wir für weit wertvollere Frischkost nur ein paar Meter weiter laufen müssen? Es geht in Traumgesprächen also nicht darum herauszufinden, was ein Traum bedeutet, sondern darum, wie wir unsere Traumbilder verstehen und nutzen lernen.

Träume wachsen mit

Die Träume von Kindern verändern sich parallel zur ihrer geistigen Entwicklung. Kleine Kinder haben noch ganz kurze Träume, die schnell erzählt sind – wie kurze Statements: »Eine Schnecke war in der Küche.« Je älter die Kinder werden, desto größer wird der Spannungsbogen und aus kurzen Eindrücken werden Geschichten. Inge Strauch meint: »Erst wenn Kinder sich im Wachen Geschichten ausdenken können, sind sie auch in der Lage, ein handlungsbezogenes Traumgeschehen zu schaffen, und erst wenn sie ein Bild von sich selbst haben, können sie im Traum eine aktive Rolle übernehmen.«[6] Wie sich Träume von Kindern verändern, zeigt sich sehr schön an der Rolle des Ichs im Traum. Mit circa 3 Jahren ist das Traum-Ich noch sehr zurückhaltend, beobachtet

---

6 Strauch, Inge; Maier, Barbara: Den Träumen auf der Spur. Zugang zur modernen Traumforschung. Bern: Huber 2004. S. 253.

lediglich und ist manchmal auch gar nicht in die Traumerzählung mit einbezogen. So träumt die 3-jährige Karin:

*Da war ein Schwein –
es ist im Schrank versteckt*

Mit zunehmendem Alter wird das Traum-Ich parallel zur geistigen Entwicklung mehr und mehr Teil des Traumgeschehens. Es nimmt die Traumwelt über die Sinne wahr, es hört und sieht und spürt seinen Körper. Das Erlebte wird von Gefühlen begleitet, es sind vorherrschend negative Gefühle.

Frederik (5 Jahre alt) träumt:

*Ich war im Gefängnis und
keiner konnte mir helfen.*

Später sind die Kinder auch aktiver, greifen also selbst ins Traumgeschehen ein.

Tatjana (7 Jahre alt) träumt:

*Ich war im Wald, da war ein Tier, ich konnte
es nicht sehen. Vor dem musste ich mich
verstecken, dann bin ich davongerannt.*

Ältere Kinder machen sich mehr Gedanken zum Geschehen. Einfache Gedanken, die auf den Augenblick bezogen sind. Dann sprechen Kinder auch häufiger in

Träumen und entwickeln Beziehungen zu den Traumfiguren.

Dies wird schließlich in der Pubertät sehr deutlich. Mädchen träumen nun bevorzugt von Freundinnen und Jungen von gleichaltrigen Freunden. Jungs möchten sich zunehmend selbst behaupten, durchsetzen und sind streitlustig. Deswegen sind ihre Träume in diesem Entwicklungsabschnitt verstärkt von aggressiven Themen durchsetzt. Mädchen hingegen pflegen eher wohlwollende und positive Beziehungen zu ihren Traumfiguren. Mit dem Jugendalter ähneln Träume dann mehr und mehr denen Erwachsener. Sie werden dann insgesamt komplexer. Natürlich bleiben die Inhalte immer noch auf die kindliche bzw. jugendliche Erfahrungswelt beschränkt. Das ist in jedem Alter so, denn Träume sind Ausdruck der jeweiligen Lebenswelt und wie diese erfahren wird. Deswegen ist es ganz selbstverständlich, dass Kinder mehr von Spielsachen, ihrer Familie, von Tieren, dem Kindergarten, vom Urlaub, der Schule, der Gruppe der Gleichaltrigen, aber auch sehr häufig von ihren Erfahrungen beim Fernsehschauen oder Computerspielen träumen:

> *Ich hab geträumt, der Papa hätte beim Fernsehschauen ein Ballerspiel gespielt. Dann sind die Soldaten aus dem Fernseher herausgestiegen und haben Papa mitgenommen, ich konnte ihm nicht mehr helfen.*

Die meisten Träume der Kinder sind weitaus skurriler und symbolträchtiger als die Träume ihrer Eltern.

Sie ähneln in der Tat – gerade bei den Kleineren – mehr den Märchen als der realen Alltagserfahrung, und sie träumen viel öfter von Tieren als von Menschen. In den Traumerlebnissen der Kleinen spiegeln sich deren Ängste und Wünsche auch wesentlich unverhüllter als bei den Großen. Die Traumforscherin Inge Strauch hat entdeckt, dass Kinder sich in den Träumen, in denen die Traumfiguren sehr unfreundlich miteinander umgehen, auch viel häufiger als Opfer denn als Täter erleben. Die Erwachsenen sind in ihren Träumen hingegen öfter Täter als Opfer. Vielleicht ist diese Ohnmacht und Hilflosigkeit der Grund, weshalb Kinder mehr Alpträume haben als Erwachsene.

Projektion

»In einem Traum schaut die Umgebung anders aus als in Wirklichkeit und die Leute, die man kennt auch. Bei Menschen weiß man meistens, dass es der ist (den man vom Wachen her kennt), obwohl er gar keine Ähnlichkeit hat. So als würde er in ihm drinnen stecken.« (Anna, 13 Jahre alt)

Kinder können sich leicht mit den Figuren in ihren Bilderbüchern identifizieren. Wenn wir Kinder die Bildergeschichten selbst erzählen lassen, dann lässt sich gut erkennen, dass sich hinter dem Helden in der Tiergeschichte die eigenen Probleme, Gefühle, Hoffnungen, Wünsche und Gedanken verbergen. Sie projizieren ihre innere Welt in die Erlebniswelt der Buchhelden. Gerade für das Kindergartenalter ist es typisch, dass Kinder ihre Umgebung mit menschenähnlichen Eigenschaften ausstatten. Der quietschende Stuhl weint, der Teddybär hat Bauchweh, und die Puppe ist fröhlich oder richtet gerade den Tee für den anstehenden Besuch.

Fachleute sprechen von der magischen Phase der kindlichen Entwicklung und meinen, dass in der kindlichen Vorstellung Realität und Fantasie noch allzu oft verschwimmen. Es ist so, als würden sie ihre Umgebung mit Gefühlen und Fähigkeiten füttern, die momentan für sie selbst ganz ganz wichtig sind.

Fabian (12 Jahre alt, ein Kind mit Down-Syndrom) träumt:

Ich bin der Avatar und der Spartakus
(Figuren aus dem Fernsehen) und ich bin
stark wie die.

Doch wer glaubt, dass wir als Erwachsene völlig frei von solchen Identifikationen und Projektionen sind, irrt sich. Auch wir beseelen manchmal tote Materie, wenn sie uns in Wesen oder Gestalt an Lebendiges erinnert. Stellen Sie sich vor, Sie fahren auf der Autobahn und einer dieser tollen neuen Sportwagen taucht in Ihrem Rückspiegel auf. Fühlt sich das dann nicht so ähnlich an, als würden Sie von einer gefährlichen Raubkatze verfolgt? Mit hell erleuchteten Augen, weit aufgerissenem Rachen und mit einem unbarmherzigen Tempo ist uns diese Bestie auf den Fersen und droht uns zu verschlingen. Es fällt uns überaus schwer, die Blechkiste als das zu sehen, was sie ist. In jenem Moment verleihen wir dem Auto tierähnliche Attribute und werden dabei von unseren Stimmungen und Vorurteilen geleitet – insbesondere dann, wenn wir uns gestresst fühlen. Trotz aller Intelligenz, die uns Menschen auszeichnet: Wir können kaum anders als die Dinge, Tiere und Personen um uns herum im Spiegel unseres Wesens zu betrachten. Wir beäugen und bewerten die anderen durch den Filter unserer persönlichen Wahrnehmung, unserer Vorurteile und unserer Stimmungen. Deutlich wird dies zum Beispiel dadurch, dass wir an anderen gerade das bemängeln, was wir an uns selbst nicht mögen.

In unseren Träumen treten diese Projektionen deutlich hervor, da verschwimmen die Grenzen, die uns im Tagesbewusstsein ganz selbstverständlich sind. Da ist zum Beispiel eine Katze, die uns im Traum erotisch verführerisch begegnet, oder ein im Wachzustand friedfertiger Hund, der im Traum zu einem bösartigen Wolf mutiert, weil er uns als Projektionsfläche für unsere eigenen, nicht lebbaren aggressiven Impulse dient. Im Wachen helfen uns solche Projektionen, ein sozial akzeptables Selbstbild zu bewahren. Im Traum sind wir wieder mit dieser Selbsttäuschung konfrontiert.

Projektionen drücken sich ebenso in Metaphern aus. Arthur sucht schon seit einer Stunde nach seiner Brille – bis ihm Angelika mitteilt: »Du bist ja blind wie ein Maulwurf, deine Brille steckt in deinen Haaren!« Metaphern entstehen aber auch ganz spontan in unseren Träumen, die intuitiv meist sofort verstanden werden.

Valentina (8 Jahre alt) träumt:

> *Mama wurde von einem Dinosaurier
> gebissen, direkt am Herz.*

Valentina wird von ihrer Mutter als sensibel und einfühlsam beschrieben. Sie selbst hat einen Bandscheibenvorfall und klagt seit Wochen über große Schmerzen.

Kinder träumen von Tieren

Wer war nicht schon mal dumm wie ein Esel oder hat geschimpft wie ein Rohrspatz? Und sicher waren Sie schon mal so verärgert, dass andere Ihnen vorgeworfen haben: »Dir ist wohl eine Laus über die Leber gelaufen?« Jungs fühlen sich bärenstark, wenn sie ihre Muckis in den Himmel heben oder finden einen Witz oder eine Fernsehsendung affengeil. Wenn Kinder nicht machen, was Mama und Papa ihnen vorgeben, dann sind sie bockig, brüllen oder blöken. Pubertierende Girlies können zickig sein. Kleine freche Buben äffen andere kleine freche Buben nach. Jungs sind ausgefuchst, wenn wir ihnen nicht auf die Schliche kommen und Mädchen elfenhaft, wenn sie beim Tanzen die Welt um sich herum vergessen. Bestimmt fallen Ihnen noch mehr Beispiele ein, denn unser Wortschatz ist durchtränkt von dieser metaphorischen Sprache.

Der Vergleich mit den Vierbeinern ergibt sich möglicherweise dadurch, dass sich Tiere und Menschen ein weites Gefühls- und Verhaltensrepertoire miteinander teilen. In der Metapher vergleichen wir uns mit unseren Artverwandten und bezeugen damit, dass wir als Menschen immer auch noch Tier sind. Kinder zeigen diese Verbundenheit zu allem Tierischen im Spiel mit ihren Haustieren, beim Kuscheln mit ihren Stofftieren oder auf einer symbolischen Ebene im Kontakt mit Tieren in ihren Träumen. Welch außerordentliche Rolle Tiere in der Entwicklung von Kindern spielen, zeigt sich auch daran, dass Kinder bis zu einem Alter von circa 10 Jahren sehr häufig von Tieren träumen. Ihre Traumwelten sind reich bevölkert von Tierwesen, Monstern und Märchenfiguren aller Art. Bei den ganz kleinen Kindern sind Tiere sogar öfter im Traum vertreten als Mama und Papa oder andere Bezugspersonen. Untersuchungen zeigen, dass in den Träumen der 3- bis 5-Jährigen Tiere in vier von zehn Träumen auftreten. Personen hingegen nur in einem von fünf Träumen erscheinen. Dieses auffällige Missverhältnis verändert sich allerdings in dem Maße, wie Kinder im Wachleben vermehrt Kontakte zu anderen Kindern und Erwachsenen haben. Dann tauchen in ihren Träumen öfter Personen und weniger Tiere auf. Bei Jugendlichen erscheinen nur noch etwa in einem von zehn Träumen Tiere. Das verändert sich auch im Erwachsenenalter kaum noch. Nie mehr scheinen Tiere im Leben eines Menschen also so wichtig zu sein wie im Kindesalter. Warum ist das so und weshalb haben Kinder in ihren guten wie in ihren schlimmen Träumen so auffallend oft mit Tieren zu tun?

Kinder und Tiere begegnen sich auf Augenhöhe. Denken Sie nur daran, wie ausgelassen Kinder mit Hunden spielen. Es sind Spiele, die beiden Freude machen: Stockwerfen, schwimmen, Bauch kraulen, Fellpflege betreiben, miteinander schmusen, durch die Wiese rasen oder einfach spazieren gehen. Zudem benutzen beide eine einfache, klar zu verstehende Sprache, um Gefühle und Stimmungen mitzuteilen. Im Unterschied zu der Art und Weise wie Kinder und Erwachsene miteinander kommunizieren, ist diese zwischen Tier und Kind direkter und authentischer. Die Gefühlsregungen der kuscheligen Miezekatze sind für kleine Kinder schon nachvollziehbar. Eine Katze zeigt ihren Missmut, ihre Laune aber auch ihr Wohlbehagen ganz deutlich. Sie verstellt sich nicht, sie faucht, wenn sie in Ruhe gelassen werden will und schnurrt wenn es ihr behaglich ist. Ein Hund flüchtet oder knurrt, wenn es ihm zu laut wird. Kinder werden von ihren Haustieren auch uneingeschränkt angenommen. Sie bewerten deren Verhalten nicht und akzeptieren sie vorbehaltlos mit all ihren Macken und natürlich auch den liebenswerten Eigenschaften. Das kann Eltern gar nicht in dem Maße gelingen, denn sie wollen und müssen ihr Kind ja erziehen, und deshalb bewerten sie all das, was das Kind so tut.

Darüber hinaus gibt es auch interessante Parallelen, die sich an den Gesichtszügen von Tieren und Kindern ablesen lassen. Konrad Lorenz zeigte, dass vor allem die Gesichter von Hunden, Katzen und Enten dem Kindchenschema entsprechen, ganz ähnlich wie dies für kleine Kinder typisch ist: Dominante Augen und niedliche Nase bei vergleichsweise großem Kopf und hoher Stirn. Untersuchungen haben ergeben, dass Tiere die Gefühlslage von Kindern stark beeinflussen können. So können aggressive Kinder im Umgang mit einem Hund friedfertiger werden, traurige Kinder finden im Haustier und ersatzweise im Kuscheltier einen tollen Gesprächspartner, der zuhört, beruhigt und sanft macht. Deswegen werden Tiere auch in der Therapie psychiatrischer Störungen wie ADHS, Konzentrationsstörungen, Depressionen oder Autismus eingesetzt. Der Kinderpsychologe Dieter Krowatschek, der seinen Hund Fly in der Therapie von ADHS als Co-Therapeuten miteinbezieht, meint: »Im Umgang mit Tieren lernt man vieles ohne Zwang und ohne ständige Erklärungen, aber mit hoher Motivation.«[7] Kinder lernen vor allem den rücksichtsvollen Umgang mit dem Tier. Dadurch gelingt es ihnen leichter, sich in andere einzufühlen, deren Bedürfnisse zu erkennen und Grenzen zu akzeptieren. Das Vernünftige, das die Lebenswelt des Erwachsenen beherrscht, kennt das Kind noch nicht. Das Denken ist noch nicht so vom Fühlen abgespalten. Das Kind ist noch stärker mit allem Tierischen und Natürlichen verbunden.

Kinder identifizieren und solidarisieren sich also mit den Tieren, was die Vierbeiner wiederum zu geeigneten Projektionsflächen macht. Sie übertragen ihre eigenen Schwächen und Stärken, ihre Stimmun-

---

7 Krowatschek, Dieter: Kinder brauchen Tiere. Wie Tiere die kindliche Entwicklung fordern. Düsseldorf: Patmos 2007, S. 43.

gen und Einstellungen auf die Tiere. Beobachten Sie einmal, wie Kinder mit Haustieren sprechen oder auf Tiere wie zum Beispiel Schwäne, Füchse und Bären in Bilderbüchern reagieren. Sie sprechen von ihnen, als wären es Menschen, gestehen ihnen ähnliche Vorlieben und Bedürfnisse zu wie sich selbst. Im Spiegel des Helden reflektieren sie sich und geben sich damit eine Antwort auf die Frage: »Wer bin ich eigentlich?«

Tiere sind also nicht nur im direkten Umgang, sondern auch als geistige Abbilder präsent in der kindlichen Erlebniswelt. Das zeigen Träume auf interessante Weise: Da können Tiere sprechen, zeigen typisch kindliche Gefühle, werden also mit kindlichen Attributen ausgestattet. Sie tragen im Traum quasi die Emotionen des Kindes spazieren. Haie, Löwen, Schlangen, Spinnen oder bissige Hunde tauchen dann auf, weil sich das Kind tagsüber vielleicht provozieren hat lassen, aggressiv oder streitlustig ist. Oder ein devoter Hund, ein Häschen oder eine Schnecke, weil es sich am Tag zuvor hinter seiner Angst versteckt hat. Eine anschmiegsame und kuschelige Katze könnte uns verraten, dass sich das Kind nach Geborgenheit sehnt, sich eine Katze wünscht, oder vielleicht selbst gerne eine Katze wäre.

Fabian (12 Jahre alt, ein Kind mit Down-Syndrom) träumt:

> *Sina (Hund) und Felix (Katze) sind die ganze Nacht bei mir im Zimmer.*

Auf die Frage der Mutter, wie er das denn findet, antwortet er: »Das ist cool, aber ich weiß, dass du das nicht willst.«

Ein 8-jähriges Mädchen antwortet auf die Frage, was denn die Katze im Traum für sie bedeute: »Ich möchte auch eine Katze sein, Katzen werden immer gestreichelt.«

Dass Tiere im Traum stellvertretend für das Kind agieren, zeigt sich vor allem bei ganz kleinen Kindern, die sich selbst noch nicht im Traum aktiv erleben. So leiht die 3-jährige Jenny ihre schönen Augen mal ihrer Katze aus, die dann grünäugig durch die Traumlandschaft schleicht und an Jennys Stelle Abenteuer erlebt. Manchmal verarbeiten Kinder aber auch lediglich ihre Erfahrungen mit ihren Haustieren im Traum. Der verschmuste Stubentiger, der schwatzhafte Papagei oder der treue Bello sind dann Begleiter, Ratgeber oder Freund, ganz wie im richtigen Leben. So wie es Sandra (5 Jahre alt) in ihrem Traum erlebt:

> *Mama, ich habe heute Nacht von einem Bauernhof geträumt, der gehört mir, ich hatte viel zu tun, habe den Stall von den Pferden ausgemistet und kümmere mich um die jungen Hunde und Katzen. Du und Emelie und Janina habt mich besucht. Ich konnte aber nicht lange mit euch reden, weil die jungen Hunde darf ich nicht alleine lassen.*

Sandra kommentiert ganz stolz: »Im Traum hab ich mich groß gefühlt, musste mich um alle Tiere kümmern. Ich mag Hunde und Katzen und Pferde ganz doll und am liebsten würde ich auf einem Bauernhof leben.«

Kinder träumen von Hexen, Zauberern und anderen komischen Gestalten

Auch Mama und Papa können schon mal tiergestaltig oder als Märchenwesen auftreten. Kinder verarbeiten dann die Erfahrungen mit ihren Eltern im Traum. Das können gute wie auch schlechte sein. In erster Linie sind es aber die konfliktträchtigen, weil Konflikte erkannt und geklärt sein wollen. Dass die Eltern selbst in Tiergestalt die Träume der Kinder bevölkern, wird relativ schnell klar, wenn die Tiere in auffallender Weise den Eltern ähneln. Wenn also der etwas beleibte Papa als Walross im Traum fungiert und durch die Wohnung robbt, oder als großer hungriger Brachiosaurus durch die Traumlandschaft tapst, oder wenn die langbeinige Giraffe, die den Überblick bewahrt, durch Annas Zimmer stolziert. Wenn Kinder mit ihren Träumen kommen, dann lohnt es sich, hinter die Kulissen zu schauen, denn wer weiß, vielleicht hatten Sie ja als Tier-, Märchen- oder Fabelwesen Ihren großen Auftritt? In Tiergestalt werden Teilaspekte Ihrer Persönlichkeit deutlicher gezeichnet, als wenn Sie als Mama oder Papa im Kindertraum agieren. Möglicherweise gibt es eine Phase im Leben der Kinder, in der sie diese

Teilaspekte »die böse oder strafende Mama«, »der strenge oder autoritäre Papa« noch nicht in das Bild von den versorgenden und guten Eltern integrieren können. Die Persönlichkeit von Papa oder Mama ist dann aus der Sicht des Kindes zweigeteilt. Auf der einen Seite »das Geliebte« auf der anderen Seite »das Konflikthafte«. Beides – das Gute wie das Böse – müssen erst miteinander verbunden, vereint und versöhnt werden. Kinder träumen häufig von Hexen oder Zauberern. Zum einen, weil diese Figuren in den Kindermedien und den Märchen eine große Rolle spielen. Zum anderen, weil sie als Projektionsflächen für weibliche bzw. männliche Autoritätspersonen dienen. Damit könnte im Traum ein Beziehungsaspekt zwischen Mutter, Vater und Sohn oder Tochter symbolisiert sein:

Emil (5 Jahre alt) träumt:

Ein böser Zauberer hat mich gepackt und hat mich im Zimmer eingesperrt.

Weshalb der Vater als böser Zauberer auftritt, bleibt kein Geheimnis des Kindes, wenn Sie es danach fragen, was es denn mit dieser mächtigen Figur auf sich hat. Wie hat der Zauberer genau ausgesehen? Kannst du ihn näher beschreiben? Was hat dir an ihm gar nicht gefallen? Was hättest du dir gewünscht?

Für den Vater war naheliegend, dass in diesem Traumbild der Konflikt mit seinem Sohn einige Tage zuvor neu beleuchtet wurde. Die Antworten des Kindes zeigen ihm, wie sein Sohn den Konflikt erlebt hat, und er kann überprüfen, ob seine Wahrnehmung der Dinge mit denen des Kindes übereinstimmt, und wie sie in Zukunft solche Probleme besser lösen können. Das Gespräch über den Traum wird dem Kind helfen, die Eltern in allen ihren Aspekten anzunehmen. Ob dies gelungen ist, zeigen dann die weiteren Träume des Kindes. Wie verändert sich die Gestalt des Vaters? Tritt er weiterhin als Zauberer auf oder vielleicht als ein ganz anderes Wesen?

Alpträume

Viola (Pädagogin): Hattet ihr schon mal einen Alptraum?
Tim (5 Jahre alt): Ja, vom bösen Mann, der hat mich in einen Sack gesteckt und entführt.
Raias (6 Jahre alt): … und ich hab von der Polizei geträumt. Die haben mich verhaftet und keiner hat mich befreit.
Rico (4 Jahre alt): … von Rittern, ich hab mit denen in einer Höhle gekämpft.
Tristan (6 Jahre alt): … also ich träum immer schlecht, obwohl ich einen Traumfänger habe.
Hannah (4 Jahre alt): Der Traumfänger kann die bösen Träume auffangen, dass wir keine Angst haben müssen, sagt meine Mama.
Feline: (5 Jahre alt): Ich träume immer von einem Krieg. Mein Papa guckt immer solche Filme und ich träume davon.

Viola (Pädagogin): Was macht ihr, wenn ihr aus einem schlechten Traum aufwacht und Angst habt?
Raschid (5 Jahre alt): Ich verkriech mich unter meiner Decke.
Lukas (4 Jahre alt): Ich hab ganz arg Angst, wenn ich aufwache und dann muss meine Mama kommen, sonst pinkel ich mir in die Hose.
Petrona (5 Jahre alt): Ich bleib einfach liegen, weil da trau ich mich nicht aus dem Bett, wenn ich aus einem Traum aufwache.
Fabienne (5 Jahre alt): Wenn ich schlecht träume, dann schreie ich laut. Wenn ich dann merke, dass ich nur geträumt habe, schlaf ich einfach wieder weiter.
Zsofie (4 Jahre alt): Einmal hab ich geträumt, dass unser Haus brennt. Ich hatte Angst und bin zu Mama gerannt und habe geweint.
Johannes (9 Jahre alt): In meinen Alpträumen habe ich meistens Angst. Wenn ich so tue, als ob ich keine Angst habe (was nur selten vorkommt) passiert mir nichts.

Wir wissen alle, was ein Alptraum ist: Eine schlimme, scheinbar lebensbedrohliche Erfahrung, die uns aus dem Schlaf reißt. Besonders Kinder im Grundschulalter werden oft von Alpträumen heimgesucht. Dann flüchten sie sich in Mamas und Papas Bett, schreien einfach nur um Hilfe oder reagieren wie oben beschrieben. Alpträume heben sich von der Gesamtheit der Träume deutlich ab. Ja für viele Eltern ist es das Motiv, sich auf die Träume der Kinder überhaupt einzulassen. Die Angst, die ein Kind beim Aufwachen aus einem Alptraum erlebt, ist für Eltern meist so erschütternd, dass sie sich unmittelbar Sorgen machen. Sie fühlen sich verantwortlich und fragen sich, weshalb ihr Kind solche Erfahrungen macht. War es die Scheidung vor drei Jahren oder die 5 in der Mathearbeit?

Alpträume klopfen kräftig an die Pforte unseres Bewusstseins, fordern uns heraus und klingen manchmal noch tagelang, wochenlang, in seltenen Fällen sogar jahrelang nach. Sie geben uns das Gefühl, dass sie uns weitaus dringlicher als alle anderen Träume etwas mitteilen wollen. Vielleicht: »Wach jetzt endlich auf, es wird jetzt Zeit, dass du etwas gegen deine Probleme unternimmst!« Aber was drängt da bloß so unbeirrt und hartnäckig aus der Tiefe der Seele an die Oberfläche?

Ganz entscheidend für den späteren Umgang mit Angstgefühlen und den dazugehörenden Herausforderungen sind wie so oft die ersten Lebensjahre. Hier werden die Weichen fürs Leben gestellt. Kinder, die in dieser Zeit zu wenig Zuwendung, Liebe und Aufmerksamkeit erfahren haben – Experten sprechen von unsicheren Bindungsmustern – oder unter schmerzhaften Erkrankungen litten, reagieren in der Regel überängstlich auf Herausforderungen. In einem archaischen Sinne dient die Angst dem Überleben. Wir Menschen wären ohne Angstempfinden nicht daseinsfähig. Wir würden ziemlich bald in den Fängen eines Wildtieres landen oder unter den Rädern eines überdimensionalen Geländewagens. Wie so oft kommt es auch hier auf das richtige Maß an. Ein Zuwenig an

Angst ist risikoreich und gefährlich. Ein Zuviel lähmt und verhindert ein selbstbestimmtes Leben. Im schlimmsten Falle können sich Ängste zu psychischen Störungen auswachsen, die das Leben dann massiv beeinträchtigen. In unseren Träumen kommt dieses »Zuviel« zum Ausdruck. Jeder Alptraum aber auch viele andere schlechte Träume sind Spiegelbilder unserer Urängste und Alltagsängste. Sie sind ein Notruf aus der Tiefe der kindlichen Seele: »Ich habe Angst. Ich fühle mich so unsicher. Kannst du mir dabei helfen herauszufinden, wovor ich so viel Angst habe und wie ich damit umgehen kann?« Wenn wir genau hinschauen und nachfragen, dann verraten uns die Alpträume, was Kinder gerade nicht meistern: Streit mit den Mitschülern, vom Lehrer bloßgestellt, von der Klasse gemobbt, die anstehende Mathearbeit, von Miri beleidigt worden, die Übung im Hochseilgarten. Jede neue Aufgabe im Leben eines Kindes ist von einer diffusen Angst begleitet. Schaff ich es? Was passiert mit mir, wenn es nicht klappt? Darüber hinaus gibt es auch ganz grundlegende Lebenseinschnitte, die Alpträume verursachen können: Kinder, die mit der Scheidung der Eltern klarkommen müssen. Kinder, die die Oma, den Opa oder ein geliebtes Haustier verloren haben. Kinder, die mit den schulischen Anforderungen nicht zurechtkommen oder von Gleichaltrigen gehänselt, ausgeschlossen oder gemobbt werden. Natürlich auch traumatisierende Ereignisse wie Unwetter, Verletzungen, Missbrauchserfahrungen, Gewalterfahrungen oder Unfälle. Und im Zeitalter der Medien sind es auch die medialen Verführungen, mit denen wir unsere Kinder überfordern. Neues gilt es zu integrieren und mit dem Bekannten zu verknüpfen. Wichtig für eine gesunde Entwicklung sind Herausforderungen, die das Kind meistern kann. So wird es selbstbewusst und freut sich auf neue Aufgaben. Sind diese zu schwer und damit nicht zu lösen oder aber besonders fremdartig, können Ängste entstehen, die in Wachfantasien und Alpträumen immer wieder bearbeitet werden müssen, mit dem Ziel, sie zu überwinden. Belastende Erfahrungen – das weiß jeder – treiben uns um, beschäftigen uns gedanklich und nehmen uns gefangen. Sie hindern uns daran, uns auf das Alltagsgeschäft zu konzentrieren. Das ist auch bei Kindern so. In der Gewalt- und Suchtprävention hat man sich zum Ziel gesetzt, Kindern beizubringen, wie sie mit ihren Problemen und den damit verbundenen Gefühlen bzw. Ängsten umgehen können. Letztendlich hängt aber unsere seelische Gesundheit davon ab, ob wir als Kind mit unseren Gefühlen und Stimmungen vertraut werden konnten. Wie geht es mir eigentlich? Gibt es dafür einen Namen? Was kann ich tun, um nicht mehr wütend zu sein? Wie fühle ich mich, wenn Papa böse auf mich ist?

Ein Ziel der Traumgespräche ist es, Gefühle zu benennen. Gerade bei Alpträumen zeigt es sich, dass wir Grenzerfahrungen erfolgreicher bewältigen, wenn wir Gefühlen einen Namen geben. Es folgen einige typische Alpträume von Kindern im Alter zwischen 4 und 6 Jahren. An diesen lässt sich zeigen, wie Eltern damit umgehen können.

Peter (4 Jahre alt) träumt:

> *Ich schrumpfe auf die Größe eines Playmobilmännchens und muss währenddessen mit ansehen, wie meine Eltern von einem riesigen bösartigen Monster verschlungen werden.*

Welche reale Angst könnte sich in dieser Geschichte verbergen? Das Gespräch mit Peter ergibt, dass er es ganz fürchterlich findet, wenn sich seine Eltern streiten und schlagen. Er fühlt sich dann handlungsunfähig: »Ich kann nicht weglaufen und ich kann mich nicht bewegen, weil ich aus Plastik bin.« Träume verweisen darauf, wie Kinder sich wirklich fühlen und dass ein »es wird schon nicht so schlimm sein«, und »war doch nur ein Traum« bzw. »das vergeht« so nicht stimmen kann. Eltern werden – wenn sie den Traum ernst nehmen und nachfragen – durch solche Träume oft eines Besseren belehrt. Nach dem Traumgespräch wird klar, wie sich die Konflikte der Eltern aus Peters Sicht darstellen. Im wahrsten Sinne des Wortes: »Alptraumartig«. Peter zeigt, wie er die Beziehungen innerhalb der Familie sieht. Dies könnte er kaum in dieser Klarheit mit Worten sagen.

Der 4-jährige Ricardo erzählt weinend seiner Mama:

> *Ich wurde von einem Wolf angegriffen und in Bein und Rücken gebissen, während ich aufgeregt im Zimmer umherirre und den Wolf in den Schränken oder unterm Bett vermute.*

Kleinen Kindern fällt es oft sehr schwer, Traumwelt und reale Welt deutlich voneinander zu trennen. Es gibt dahingehend fließende Übergänge. Ängste, die sie nachts erleben, begleiten sie ganz ähnlich auch am Tag. Ein Gespräch mit der Mutter ergibt, dass Ricardo Wölfe für sich entdeckt hat. Das Wolfsbuch möchte er immer wieder anschauen, und kürzlich sah er eine Dokumentation über Wölfe im Fernsehen. Durch den Traum könnte deutlich werden, dass Ricardo noch nicht reif genug ist, um das aggressive Verhalten von Wölfen zu verstehen. Ähnliches gilt für alle medialen Grenzerfahrungen. So manches, was Kinder im Fernsehen als bedrohlich und überraschend wahrnehmen, fügt sich nicht nahtlos in den Erfahrungshintergrund von Kindern ein. Vor allem in Alpträumen finden wir Hinweise darauf, wie Kinder ihre medialen Erlebnisse verarbeiten. Aber in diesem Traum geht es um mehr. Denken wir an das Kapitel »Projektion« bzw. »Kinder träumen von Tieren«, dann stellt sich hier die Frage, was das Verhalten des Wolfes mit Ricardo selbst zu tun hat. Auf Nachfrage antwortet uns die Mutter, dass Ricardo seit ungefähr drei Monaten aggressiv ist und es immer wieder zu Konflikten kommt. Dass es in diesem Traum um Ricardos Aggression geht, wird durch einen anderen Traum deutlich, den Ricardo einen Monat zuvor hatte:

Ich wurde von einem Wildschwein angegriffen und ins Bein gebissen.

Auch aus diesem Traum erwacht Ricardo weinend und ängstlich. Um solche Träume verstehen zu lernen, sollte man Kinder dabei unterstützen, sich in das Tier einzufühlen. »Tu doch einfach mal so, als wärst du das Wildschwein.« So kommt das Kind in Kontakt mit den eigenen Gefühlen, die es ja noch nicht integrieren konnte und nach außen auf das böse Wildschwein projizierte. Anschließend könnten Sie fragen, in welchen Situationen sich das Kind ähnlich fühlte. So kommt man häufig der Quelle des aggressiven Verhaltens auf die Spur.

Thomas (6 Jahre alt) träumt:

> *Er wurde von einem Krokodil gefressen. Nun versucht er verzweifelt über ein kleines Fenster im Bauch des Krokodils mit seinen Eltern Kontakt aufzunehmen. Diese ignorieren ihn allerdings.*

Thomas erzählt uns diesen Alptraum im Alter von 12 Jahren, also sechs Jahre nach dem Alptraumerlebnis. Ein Gespräch, das wir mit ihm führen, zeigt, dass er sich von seinen Eltern weder gesehen noch gehört fühlt. Er erzählt uns, dass seine Eltern vor allem ihre eigenen Interessen verfolgen und sich für ihn wenig Zeit nehmen. Aus heutiger Sicht könnten wir durchaus fragen, ob sich Thomas' Beziehung zu seinen Eltern anders entwickelt hätte, wenn die Eltern seinen Traum aufmerksam aufgenommen hätten.

Einer der am häufigsten vorkommenden Alpträume ist der Verfolgungstraum. Die natürlichste Art, dem

Aggressor zu entfliehen ist es, aufzuwachen. Aber es gibt auch noch andere Wege, dem Verfolger Paroli zu bieten. Wir können solche Träume ganz einfach so verstehen, dass uns nicht nur jemand, sondern auch etwas verfolgen könnte. Wir sind momentan nicht in der Lage, uns mit einem Problem zu befassen und glauben, dass es in einem solchen Fall am einfachsten ist, ihm aus dem Weg zu gehen – wir flüchten also vor dem Problem. Das gelingt natürlich nicht, denn es holt uns immer wieder ein.

Nun gibt es zwei gute Möglichkeiten, um diesen Alptraum zu bewältigen. Erstens, wir stellen uns der damit verbundenen Aufgabe. Zweitens, wir bewältigen das Erlebnis auf eine symbolische Art und Weise. Wie funktioniert das? Träume sind nicht statisch und unveränderlich. Sie lassen sich wie jedes psychische Erlebnis umgestalten, neu bewerten, aus einer anderen Perspektive betrachten. Kinder haben daran viel Freude. Sie können das belastende Erlebnis malen. Wenn das böse Wildschwein erst einmal auf Papier gebannt ist, kann es einem nichts mehr anhaben. Man kann auch im Rollenspiel Lösungen für das »Traumproblem« erarbeiten. Im Kapitel »Traumgespräche« zeigen wir anhand verschiedener Beispiele, wie man Alpträume überwinden kann.

Ein bis zwei Alpträume im Monat, auch sich wiederholende Alpträume sind für Grundschulkinder eine recht normale und verträgliche Dosis. Sind es mehr, sollte man nachforschen, wie es zu dieser Häufung kommt. Es ist ratsam, mit den Kindern über deren Erlebnisse und Ängste in Alpträumen zu sprechen, denn das Gespräch wirkt wie ein Katalysator, der die kindliche Entwicklung beschleunigt. So machen auch schlimme Erfahrungen Kinder wieder stark. Sollten die Alpträume überhandnehmen und Kinder längere Zeit darunter leiden oder in ihrem alltäglichen Handeln eingeschränkt sein, raten wir Ihnen, therapeutische Hilfe in Anspruch zu nehmen. Die Alptraumtherapie mit Kindern ist sehr erfolgreich. Dabei geht es im Kern darum, Alpträume so umzugestalten, dass Kinder sich selbst als aktive und erfolgreich handelnde Personen erleben.

Über Träume sprechen – Der Leitfaden

Das Traumgespräch mit Kindern einer Kindertagesstätte geht weiter:

Viola (Pädagogin): Freddy, was glaubst du, was ist eigentlich ein Traum?
Freddy (6 Jahre alt): Ein Traum ist, wenn man schläft und alles machen kann, was man will. Zum Beispiel fliegen oder auf Wolken liegen und so. Es gibt unterschiedliche Träume. Man kann Alpträume haben, wo man ein Monster ist oder kämpfen muss ...
Alessia (5 Jahre alt): ... aber auch schöne Träume. Es kommt auch vor, dass man eine Prinzessin ist und in einem Schloss wohnt.
Sabrina (5 Jahre alt): ... oder in guten Träumen, da wünscht man sich etwas Schönes, zum Beispiel eine Fahrt nach Mallorca.
Viola: Was ist denn an Träumen so besonders?
Miriam (4 Jahre alt): Man kann im Traum alles auf einmal sehen – auch alle Farben.
Christian (5Jahre alt): ... dass man Sachen erlebt, die nicht wahr werden. Dass wir zum Beispiel reich sind und es gar nicht sind.
Hans (5 Jahre alt): Ja genau, das, was wir träumen, ist nicht in echt, auch wenn es uns so vorkommt. Deshalb tun uns auch die Träume nicht weh.
Viola: ... und was glaubst du Chiara, warum träumen wir?

Chiara (6 Jahre alt): Ich glaub, damit uns nachts nicht langweilig wird.

Im vorigen Kapitel haben Sie erfahren, wie Träume heute gesehen und verstanden werden und welche Chancen in Kinderträumen für die Beziehungen innerhalb der Familie schlummern. Nun werden Sie alles Nötige erfahren, damit Sie auch praktisch mit Kinderträumen arbeiten können. Da in vielen Familien über Träume eher selten gesprochen wird, sollte man sich erst einmal allgemein auf dieses neue Thema einstimmen, so wie Viola mit ihren Kleinen aus der Kindertagesstätte – den Traum also aus dem Abseits holen und etwas näher ins Zentrum der Familiengespräche rücken. Sprechen Sie doch einfach mit Ihrem Kind über die Frage, was ein Traum eigentlich ist. Das Philosophieren über Träume macht Kindern Freude und unterstützt die bewusste und unvoreingenommene Auseinandersetzung mit einem auch für Kinder interessanten Phänomen.

Im folgenden Abschnitt haben wir diese spannende Einstiegsmöglichkeit näher ausgeführt. Allein die gedankliche Fokussierung auf den Traum wird in vielen Fällen bereits die Traumerinnerung verbessern. Dennoch haben wir für Sie in einem weiteren Abschnitt einige Tipps gesammelt, wie Sie Ihrem Kind noch gezielter dabei helfen können, sich an seine nächtlichen Erlebnisse zu erinnern.

Im Leitfaden, dem Hauptteil dieses Kapitels, machen wir Sie fit für das Traumgespräch. Sie lernen dabei alles, was man zur Kommunikation über Träume wissen sollte und erfahren, wie man mit einer systematischen Vorgehensweise Träume entschlüsseln kann.

Aus Erfahrung wissen wir, dass sich gerade bei Gesprächen über Träume dennoch Hürden auftun können, mit denen man nicht rechnet und die Gespräche mühsam oder sogar unmöglich machen. Im letzten Abschnitt beschäftigen wir uns deshalb mit solchen häufigen Gesprächsfallen und geben Ihnen Tipps, um diese zu überwinden.

Mit Kindern philosophieren

Die meisten Kinder quasseln eigentlich ständig und erzählen gerne. Sie sagen prompt, was sie möchten, zeigen ungeniert ihre Stimmungen, was sie gut und cool oder schlecht und uncool finden. Aber darüber hinaus verblüffen sie uns auch mit so manchen ungewöhnlichen Aussagen:

»Träume sind so schön, weil ich darin alles so
gut sehen kann.«
(Florian, 5 Jahre alt)

Kennen Sie solche Sätze von Ihren eigenen Kindern? Kinder stellen Fragen und formulieren Antworten. Ein Dialog bekommt eine neue Form, wird strukturiert und mit den Gedanken anderer verglichen, wenn Kinder mit Erwachsenen über ein bestimmtes Thema sprechen.

»Woher kommen die Träume? Kann man im Traum träumen?« Es ist gar nicht so leicht, spontan darauf zu antworten. Schließlich stoßen Kinder mit solchen Fragen die Tür zur spirituellen Welt auf. »Kann mein Hundi auch träumen? Gibt es Hexen wirklich? Wieso kann ich nur im Traum fliegen? Muss ich auch mal sterben? Hast du den lieben Gott schon mal gesehen?«

Eine ganz außergewöhnliche Idee verfolgt die Erziehungswissenschaftlerin Barbara Brüning, die Kindern das Philosophieren schmackhaft macht. Philosophierende Kinder?, mögen Sie jetzt vielleicht fragen. Ja, Sie haben richtig gelesen. Schon Kindergartenkinder machen sich Gedanken über sich selbst, über andere und das, was um sie herum passiert. Wenn Kinder die Welt wahrnehmen, erleben, emotional erfahren und beschreiben lernen, interessieren Sie sich nach und nach auch dafür, was sich hinter den Dingen verbirgt. Wieso, weshalb, warum? Fragen treiben die geistige Entwicklung an. Es scheint so, als würde im Inneren des Kindes die Welt neu entstehen. Mit jeder Frage versucht das Kind, den Geheimnissen des Lebens auf die Spur zu kommen. »Kann der Baum weinen? Wieso ist das Gras grün und nicht rot? Kommt der Frosch, den du überfahren hast, auch in den Himmel?« Meist bleiben wir als Eltern etwas irritiert und ratlos zurück, wenn Kinder solche Fragen stellen. Dann werden wir unklar in unseren Aussagen: »Gott? Nö, habe ich noch nicht gesehen, glaube ich nicht, dass es den gibt.« Oder geben die Verantwortung an andere weiter: »Frag mal Mami. Die weiß es vielleicht besser als ich.« Oder wir reden an den Bedürfnissen des Kindes vorbei: »Nein, der Baum ist doch kein Mensch, der kann nicht weinen, aber mit dem Harz kann man Seife machen.« Manchmal verniedlichen wir das Gesagte auch oder machen uns darüber lustig: »In den Froschhimmel? Ja, aber der ist nicht blau, sondern grün, und da muss man aufpassen, dass man nicht in so Schleimpfützen tritt.« Das klingt witzig, ist unterhaltsam, führt aber von der eigentlichen Frage, ob Tiere auch in der Himmel kommen, weg.

Wie haben Ihre Eltern auf solche Fragen reagiert? Vielleicht erinnern Sie sich daran, dass Sie von deren Antworten beeindruckt waren. Wahrscheinlich waren Sie aber auch schon enttäuscht darüber, weil Sie mit Ihren Fragen alleine blieben oder weil statt angeregt miteinander zu diskutieren heftig gestritten wurde. Das erinnert uns wieder daran, dass es ganz schön kompliziert sein kann, wenn Eltern und Kinder miteinander sprechen. Jeder Plausch mit dem Kind, über den wir Erwachsene kaum nachdenken, gestaltet die Beziehung zum Kind unmittelbar. Alles, was wir sagen, wie wir es sagen, ja selbst wenn wir uns entscheiden zu schweigen, bewirkt etwas bei unseren Kindern!

Wenn Kinder Antworten von uns erwarten, dann fühlen wir uns oftmals gedrängt und suchen manchmal verzweifelt nach der »richtigen Antwort«. Doch müssen wir uns wirklich als Miss Perfekt oder Mister Alleswisser präsentieren? Eigentlich geht es gar nicht um die Suche nach der einen wahren Antwort, denn über manche der angeführten Beispielfragen von Kindern streitet sich sogar die Fachwelt. Der Sinn dieses

Austauschs über die oft existenziellen Fragen unserer Kinder kann nur darin bestehen, Kinder zu begleiten und sie zum eigenen Nachdenken anzuregen. Etwa in der Form: »Was meinst denn du, glaubst du, dass dein Hundi träumen kann, so wie du?« Oder wir regen die Kinder dazu an, selbst mal nachzuforschen: »Hast du Vaya schon mal beim Schlafen beobachtet? Woran meinst du zu erkennen, dass sie träumen kann?« Aus jeder Frage kann also eine neue Frage werden. Die Eingangsfrage Ihres Kindes, ob Bäume auch weinen, ist dann vielmehr als Einladung zu einem philosophischen Gespräch zu verstehen.

Barbara Brüning hat es sich zur Aufgabe gemacht, das Philosophieren in den Kindergarten und in die Schulen zu tragen. Dabei unterscheidet sie das klassische Philosophieren nicht von der Art und Weise, wie sie Kinder an das Thema heranführt. Sie beschreibt vier Grundmethoden, die Sie auch beim Philosophieren zu Hause anwenden können. Im Einzelnen sind das: das begriffliche Arbeiten, das Argumentieren, das sokratische Gespräch und das Gedankenexperiment.

Das begriffliche Arbeiten

»Wenn ich schlafe, kommt es in meinen Kopf und wenn ich aufwache, ist es wieder weg. Die Menschen sagen Traum dazu«, antwortet der 5-jährige Fabian auf die Frage: »Was ist ein Traum?« Alessio, der 7 Jahre alt ist, antwortet auf die gleiche Frage: »Ein Traum ist wie wenn ich was Schönes lese, aber im Traum fehlen die Buchstaben.« Und die 6-jährige Isabell weiß:

»Ein Traum ist etwas, das man erlebt, das aber gar nicht wahr ist. Mit solchen »Was ist« – Fragen lernen Kinder, sich vom Objekt, von einem Begriff oder von einer Erfahrung, die es zu beschreiben gilt, zu distanzieren. Das Ziel ist, mehr von den Wesenseigenschaften konkreter Objekte zu erfassen. Bezogen auf unser Thema erkunden Kinder also die Merkmale des Traums und versuchen, diese zu beschreiben.

Annes (9 Jahre alt) Antwort auf obige Frage lautet:
»Ich denke, ein Traum ist eine Version von dem, was man am Tag alles im Kopf gehabt hat, und das mit ganz verschiedenen Rollen wieder gespielt wird, so dass das einfach wie ein Theaterstück ist. Nur dass da die Rollen vertauscht wurden. Wenn ich am Tag einen Film oder so was gesehen hab und da zum Beispiel ein großer Mann ist, dann vertauscht sich das irgendwie und ist dann eine ganz schön große Frau, also total komisch bei mir.«

Was denn ein böser Traum ist, haben wir Karin (8 Jahre alt) gefragt:
»Ich kann nicht genau sagen, was ein böser Traum ist, aber wenn ich froh bin, dass ich aufgewacht bin, dann ist es vielleicht ein böser Traum.«

Argumentieren
Die 9-jährige Annabel beschreibt Träume folgendermaßen: »Träume sind wie Seifenblasen.« Auf die Frage des Vaters, weshalb Annabel Träume mit Seifenbla-

sen vergleicht, antwortet sie: » ... sie sind immer nur kurz da, so schnell sind sie weg.«

Annabel hat erfahren, dass Träume flüchtig sind und sich schlecht erinnern lassen und fasst deswegen ihre Ansicht in einer allgemein bekannten Metapher zusammen. Das Mädchen begründet ihre Auffassung. Sie versucht ihre Aussage zu erklären und sie argumentiert. Sie können die Freude der Kinder am Argumentieren entfachen, indem Sie folgendermaßen fragen: »Kannst du das erklären, dass Träume so wie Flugzeuge sind?« Oder: » Wieso glaubst du denn, dass man im Schlaf so wie tot ist?« Die 6-jährige Nicole antwortet auf die Frage, warum wir überhaupt träumen: » Wenn man einen Unfall hatte und nachts davon träumt, vergisst man das schneller wieder. Dann tut es nicht mehr so weh und man fühlt sich besser am anderen Morgen.« Jeanette antwortet auf die Frage, woher denn die Träume kommen, frei heraus: »Vom Fernsehgucken – man träumt nur, wenn man Fernseh guckt.«

Der sokratische Dialog
Er wird auch Hebammenkunst genannt. Dabei bemühen wir uns mit Hilfe bestimmter Fragetechniken, einer anderen Person Ideen und Fantasien zu entlocken. Diese führen deshalb ein Schattendasein, weil niemand nach ihnen fragt. Sinnbildlich gesprochen übernehmen Sie als Eltern also die Aufgabe einer Hebamme, die den kindlichen Fantasien dazu verhilft, das Licht der Welt zu erblicken. Sie ermuntern

Ihr Kind, selbst näher zu beschreiben, was ein Traum ist. Jede Antwort führt uns dazu, weiter zu überlegen, so lange, bis wir vorerst zu einem befriedigenden Ergebnis gekommen sind. Die Methode des sokratischen Dialogs werden wir Ihnen weiter unten ausführlich erklären, damit sich ein Gespräch über einen Traum entwickeln kann.

Gedankenexperimente
»Was wäre, wenn ...« So beginnen die Gedankenexperimente, zu denen Sie Ihre Kinder einladen können. »Was wäre, wenn es keine Träume mehr gäbe? Was wäre, wenn wir immerzu träumen würden?« Solche Fragen sind für Kinder sehr anregend und helfen ihnen, spielerisch Ideen zu entwickeln, die über die gegenständliche Welt hinausreichen. In der Alptraumtherapie ist das Gedankenexperiment die wichtigste Methode, um schlimme Traumerfahrungen zu bewältigen. »Was wäre, wenn du Spiderman wärst? Was hättest du dann mit dem Monster gemacht, das dich im Traum verfolgt hat?«

Gedankenexperimente im Traumgespräch führen weg von problembehafteten und ausweglosen Situationen. Sie befreien das Traum-Ich aus einer Zwangslage. Das Gedankenexperiment gibt Kindern die Möglichkeit, frei zu fantasieren und kreativ zu sein. Sie erproben verschiedene Lösungen und erfahren sich so als selbstbestimmte handelnde Person. Das Besondere daran ist: Wenn Kinder selbst wählen können, wie ein Konflikt gelöst wird, steigen sie aus der typischen Opferrolle heraus und zum Helden auf. Und genau das stärkt Kinder und macht ihnen darüber hinaus Riesenspaß. Die gewonnenen Lösungen sind oftmals ganz erstaunlich und in jedem Fall nützlich, um Alpträume zu bewältigen. Frank (7 Jahre) antwortet auf die Frage, was er als Spiderman tun würde: »Dann hätte ich keine Angst mehr, weil dann würde ich um das Monster drum herum fliegen und zwischen den Beinen durch und mit meinem Faden das Monster einfangen und festbinden.« Mit dieser Methode können Alpträume sogar ganz verschwinden.

Die Traumerinnerung gezielt verbessern

Wenn wir aufwachen, dann ist dies der Schlusspunkt eines langen und mehrstündigen Ausflugs. Ganz langsam aber zunehmend sicherer tasten wir uns aus dem Dunkel der Nachtfantasien ins Tagesbewusstsein. Wo bin ich? Ist es wirklich schon Zeit aufzustehen? Recht zaghaft greifen wir nach vertrauten Klängen – die Kirchturmglocken, das steigende Verkehrsaufkommen draußen, das Rücken von Stühlen in der Nachbarwohnung, die zunehmende Helligkeit. Wir orientieren uns an Zeit- und Raumkoordinaten. Träume sind jetzt Vergangenheit. Was davon vielleicht noch übrig bleibt, ist eine seltsame Beklemmung, ein wohliges Gefühl oder ein leichtes Herzflattern. Diese Empfindung ist, wenn überhaupt, nur noch als Hintergrundrauschen unserer Wachgedanken wahrnehmbar – zusammengefasst in dem Satz: »Irgendwie hab ich gut oder schlecht geschlafen.« Der Traum hat die Bühne verlassen, jetzt ist es meist zu spät, ihn wieder einzufangen. Der Alltag drängt unerbittlich und entschlossen ins Wachbewusstsein und konfrontiert uns mit den anstehenden Aufgaben.

Träume sind glitschig und flink – und wer einen zu fangen bekommt, darf sich glücklich schätzen. Selbst geübten und erfahrenen Traumjägern kann es passieren, dass ihnen die scheuen Wesen entwischen. Ein Geräusch, die geringste Ablenkung und sie huschen aufgeschreckt ins dunkle Unbewusste. Keiner weiß bislang so recht, weshalb das so ist, aber es gibt eine ganz plausible Vermutung: Stellen Sie sich vor, wir würden uns an alle Träume erinnern. Dann würden wir Wach- und Traumerfahrungen durcheinanderwirbeln und könnten sie nicht mehr auseinanderhalten. Das würde zwangsläufig zu erheblichen Missverständnissen führen. Es ist also durchaus sinnvoll, sich nicht an alle Träume zu erinnern.

Erwachsenen gelingt die Traumerinnerung ganz gut, wenn sie gelernt haben, ihre Gedanken zu kontrollieren und beim Aufwachen aufmerksam zurückzublicken. Das ist eher möglich, wenn wir dem Drängeln unserer Verpflichtungen zunächst einmal widerstehen und uns ganz auf das einlassen, was war: Ruhig und entspannt liegen bleiben und sich möglichst nicht bewegen. Vor allem die gleiche Körperhaltung wie beim Schlafen beibehalten. Wenn Sie geduldig und ruhig sind, kommen Ihre Träume ganz von allein angespült. Kinder können noch nicht so frei und flexibel ihre Aufmerksamkeit verschieben. Deswegen erzählen Sie Ihnen nur jene Träume, an die sie sich spontan erinnern. Das sind meist die intensiv erlebten Träume, Angstträume oder Alpträume, die dem Bewusstsein hartnäckig anhaften und sich nicht abschütteln lassen. Alpträume machen allerdings nur einen kleinen Teil der Kinderträume aus. Wenn Sie Kindern dabei helfen, sich an Träume besser zu erinnern, dann erschließt sich Ihnen nach und nach der ganze Reichtum der kindlichen Traumwelt. Sie werden dann bald erkennen, dass Kinder auch lustige, ausgelassene und manchmal ganz alltägliche Träume haben können. Freuen Sie sich darüber, wenn ihr Kind Ihnen einen Traum überreicht. Dann aber aufgepasst, denn einen ganz ofenfrischen Traum präsentiert zu bekommen, das ist so, als würde Ihre Tochter oder Ihr Sohn sagen: »Mama, ich hab eine Überraschung für dich!« Sollten Sie die noch warmen Brötchen ablehnen, dann passiert Folgendes: Ihr Kind fühlt sich entmutigt, wird seine Träume für sich behalten und – was noch wahrscheinlicher ist – es wird sich schlechter an seine Träume erinnern. Damit Ihre Kinder sich also leichter erinnern, sollten Sie aufmerksam bleiben: Jede noch so kurze Traumerzählung verdient es, bestaunt zu werden. Aber Sie können noch mehr tun, damit Ihre Lieben die Träume aus dem nächtlichen Serail entführen lernen.

Erzählen Sie öfter einmal eigene Träume

Damit zeigen Sie Ihrem Kind: Meiner Mama sind Träume wichtig, dann kann es auch nicht so verkehrt sein, meine eigenen Träume auszuplaudern. Lassen Sie Ihre Träume von Ihren Kindern deuten. »Sarah, sag mal, was bedeutet mein Traum – was fällt dir dazu ein?« Das macht Spaß und stärkt Ihr Kind, weil Sie ihm so eine schwierige Aufgabe zutrauen.

Lachen

Lachen Sie mit Ihren Kindern über die eigenen und die Träume der anderen. Träume können genauso komisch sein wie Wacherfahrungen. Benutzen Sie Träume nicht dazu, Dinge zu problematisieren, sondern dazu, kreativ zu sein, also ganz neue Gedanken zu entwickeln oder einfach nur Spaß zu haben. Es ist sogar sehr wichtig, dass Ihre Kinder Träume mit positiven Erfahrungen verknüpfen. Das fördert die Freude am Träumen und hilft ängstigende Träume leichter zu bewältigen.

Vor dem Einschlafen

Lassen Sie das Kind vor dem Zubettgehen die wichtigen Erlebnisse des Tages kurz Revue passieren. Da das Kind auf diese Weise belastende Dinge aussprechen kann, sich mitteilt und das Erlebte besser bewältigen kann, erleichtert dies das Einschlafen und schenkt ihm einen ruhigen Schlaf. Sie selbst finden im morgendlichen Traumgespräch leichter Parallelen zwischen Trauminhalten und Tagesereignissen. Das Kind trainiert darüber hinaus aber auch sein Erinnerungsvermögen.

Wünschen Sie sich Träume herbei

Das gelingt oft recht gut, indem Sie Ihr Kind etwa mit folgendem Satz einstimmen: »Wenn du dir ganz doll wünschst, dass da am nächsten Morgen ein Traum sein soll, dann kommt er auch gerne zu dir.« Das geht besonders gut, wenn Sie diesen Wunsch in eine Gutenachtgeschichte mit einweben. »Ja, dem Fridolin sind gerade auch die Augen zugefallen, jetzt beginnt er, schöne Sachen zu träumen und morgen früh wird er dir davon erzählen. Gute Nacht, meine Liebe.«

Ab und zu nachfragen

Fragen Sie Ihr Kind immer wieder mal, ob und was es in der Nacht geträumt hat. Ihr Kind wird sich vermutlich öfter an seine Träume erinnern und sie auch erzählen, wenn es erfährt, dass Träume in der Familie beachtet und ernst genommen werden. Vielleicht lässt sich Ihr Kind sogar am Morgen wecken und nach einem Traum befragen. »Guten Morgen Schatz, was hast du gerade Schönes erlebt?« Da sich Träume schnell verflüchtigen, ist dies die beste Möglichkeit, dem Traumvergessen ein Schnippchen zu schlagen.

Ein Traumtagebuch führen

»Traumwelt an Logbuch, Traumwelt an Logbuch, da kommt ein Traum angeflattert, aus dem Weg und alle aufgepasst – jetzt kommt eine Traumgeschichte!« Die Vorteile eines Traumtagebuchs liegen auf der Hand. Kinder lernen auf diese Weise das Schreiben. Die eigenen Geschichten in eigenen Worten aufs Papier bringen: Gibt es eine bessere Deutschübung? Und wenn Sie einmal keine Zeit haben, können Sie Ihr Kind auf einen späteren Zeitpunkt vertrösten: »Liebes, ich kann dir jetzt leider nicht zuhören, aber wie wäre es, wenn du deinen Traum dem Schlaflogbuch anvertraust? Dann vergisst du ihn nicht, und nach dem Mittagessen kannst du ihn mir dann in Ruhe erzählen, versprochen!«

Erzählen Sie ruhig, dass Sie gerade **dieses** Buch lesen und sagen Sie Ihrem Kind: »In diesem Buch stehen viele Träume von Kindern, die so alt sind wie du. Interessiert dich das? Möchtest du mal wissen, was andere Kinder so träumen?«

Der Leitfaden

Mit diesem Abschnitt möchten wir Sie auf den Hauptteil dieses Buches vorbereiten, die Traumgespräche. Mit dem Leitfaden lernen Sie, wie Sie mit ihren Kindern zusammen über deren Träume sprechen können. Wir wenden die Methode des sokratischen Dialogs an und bereichern diese mit Methoden der Gesprächsführung. Ziel ist, dem Kind dabei zu helfen, eigene Ideen zu entwickeln. Sie selbst sollten sich dabei mit Ratschlägen und Deutungen zurückhalten. Es ist nicht notwendig, zu jedem Traum alle beschriebenen Techniken anzuwenden oder gar in unten notierter Reihenfolge vorzugehen. Entscheiden Sie sich intuitiv für die eine oder andere Frage. Ob eine Frage gut ist, zeigt uns das Kind, indem es darauf antwortet.

Wenn Sie sich an folgenden Vorschlägen orientieren, kann sich ein vertieftes Gespräch über einen Kindertraum entwickeln:

Ermutigen Sie Ihr Kind zum Erzählen eines Traumes
»So, du hast geträumt, das ist ja spannend – erzählst du mir deinen Traum?«; oder: »Jasmin, bist du noch müde? Komm zu mir, erzähl mal, was hast du heute Nacht erlebt?«; und: »Peter, du siehst so verstört aus, hattest du heute Nacht einen schlimmen Traum?«

Peter (7 Jahre alt): *Auf einer großen Wiese ist ein großer Festplatz. Um auf den Festplatz zu kommen, muss man eine Brücke überqueren. Ich ging über die Brücke, als plötzlich das Seeungeheuer Nessie aufgetaucht ist. Dann bin ich schnell wieder zurückgerannt.*

Klären Sie, was Sie nicht verstanden haben
Klingt selbstverständlich, ist es aber keineswegs. Unsere Erfahrung zeigt, dass wir Träume vorschnell als »schön«, »komisch« oder »schlimm« bewerten und uns weiteren Nachfragen verschließen. Träume lassen zunächst einmal keinen Realitätsbezug erkennen. Wir sehen wenig Sinn darin, einer verwirrenden Ge-

schichte durch genaues Nachfragen auf den Grund zu gehen. Das unvoreingenommene und neugierige Nachfragen zielt nicht nur darauf ab, selbst besser zu verstehen, was sich im Traum abspielt, sondern sich wertfrei mit dem Erzählten zu befassen. Außerdem vermittelt es Ihrem Kind, dass Sie sich ganz auf die Traumgeschichte einlassen. »Hab ich dich richtig verstanden – war Nessi auch auf der Brücke?«, könnte man in diesem Fall zum Beispiel nachfragen.

Fragen Sie nach Einzelheiten
Nach Details zu fragen ist deshalb so wichtig, weil Kinder in ihren Erzählungen wichtige Einzelheiten oft weglassen. Doch gerade sie machen Traumgeschichten rund und vollständig. Kinder erzählen meist nur einen Bruchteil von dem, was sie geträumt haben. Lassen Sie Ihr Kind also die Gegenstände, die Szenerie oder die Personen genau beschreiben. Sie erweitern damit die Traumlandschaft um Einzelheiten, die wichtig für das Traumverständnis sind. »… kannst du den Festplatz genauer beschreiben?« »… wie groß war Nessie denn und wie sah sie aus?« »Was war das für eine Brücke?« Solche Fragen, die dazu anregen, das Erlebte genauer zu betrachten, helfen dem Kind, sich der Traumgeschichte gegenüber zu öffnen. Je mehr solcher Details bekannt sind, desto eher werden Sie den Traum mit Begebenheiten und Erlebnissen des Wachlebens verbinden können. Aber Vorsicht! Suggerieren Sie den Kindern nicht die Antworten: »… und Nessie wollte dich bestimmt auffressen,

oder?« Kinder lassen sich durch solche Gedanken gerne anregen, ihren Traum auszuschmücken. Wenn Sie das Gefühl haben, dass etwas hinzugedichtet wird, dann sprechen Sie Ihr Kind direkt an: »Ist das jetzt der Traum, oder hast du das gerade erfunden?« Eigentlich ist es kein Problem, wenn sich Traum und Fantasie vermischen. Zwar ist es dann nicht mehr das Original, aber es bleiben immer noch spontan assoziierte Gedanken und Bilder, die das Traumgeschehen ergänzen, und die für das Traumverständnis nützlich sein können.

Formulieren Sie das Gesagte mit eigenen Worten, spiegeln Sie
»… und Nessie hat dich also daran gehindert, über die Brücke zu gehen?« Damit können Sie verschiedene Aussagen des Kindes auf den Punkt bringen und gleichzeitig feststellen, ob Sie auch wirklich alles verstanden haben.

Achten Sie auf Gefühle im Traum
»Was hast du empfunden, als du Nessie auf der Brücke begegnet bist?« Kindern fällt es normalerweise schwer, ihre Empfindungen und Gefühle zu beschreiben, deswegen kann es ratsam sein, diese direkt anzusprechen: »Du klingst so, als hättest du ganz viel Respekt vor Nessie gehabt. Das war dir wohl ein bisschen unheimlich?« Durch solche Fragen sensibilisieren Sie Ihr Kind für unterschiedliche Stimmungen und Gefühle. Wäh-

rend Kinder erzählen, aktualisiert sich das Traumerleben. Was Ihr Kind in den verschiedenen Traumsituationen fühlte, können Sie deshalb gut an seinem Gesichtsausdruck und seiner Körperhaltung erkennen. Achten Sie darauf.

Fragen Sie nach den Gedanken des Kindes
»… und was ist dir so durch den Kopf gegangen, als du Nessie entdeckt hattest?« Das Traum-Ich empfindet nicht nur im Traum, sondern es denkt auch. Diese Gedanken sind weniger rational und tiefgründig aber immer interessant. Da diese Ideen im Traumgespräch selten mitgeteilt werden, ist es sinnvoll, ausdrücklich danach zu fragen.

Das Verhalten des Kindes im Traum
»Im Traum bist du also vor dem Seeungeheuer davongerannt.« Wie verhält sich das Kind? Ist es zurückhaltend, offensiv, tatkräftig oder schüchtern? Halten Sie das Verhalten des Kindes im Traum für angemessen, oder wo und was könnte Ihr Kind vielleicht dazulernen? Normalerweise handeln wir im Traum ganz ähnlich wie im realen Leben auch. Träume sind dahingehend ein Spiegel des Wachverhaltens. Das könnte ein wichtiges Signal für Sie sein: Weshalb ist Peter im Traum ganz alleine unterwegs? Oder: Was macht mein Kind im Traum, was es im Wachen versäumt zu tun? Regen Sie Ihr Kind an, über das eigene Verhalten nachzudenken und es zu bewerten. »Hat es dir gutge-

tan davonzulaufen?« »Hättest du denn gerne anders reagiert?«

Manchmal verhalten sich Kinder im Traum auch ganz anders als tagsüber. Dann versucht Ihr Sohn oder Ihre Tochter vielleicht träumend – in einem geschützten Rahmen – etwas Neues auszuprobieren. Durch den **Vergleich zwischen Traum- und Wachverhalten** erfahren Sie, welche Fähigkeiten das Kind gerade entwickeln möchte.

Lassen Sie das Kind zu den Traumbildern frei assoziieren

Das ist die klassische Freudsche Methode, um die Traumbilder mit zusätzlichen Ideen des Kindes anzureichern. »Was fällt dir alles so ein, wenn du so an den Festplatz denkst?«, wäre hierzu eine mögliche Frage. Damit schaffen Sie erste Verbindungen zu den Alltagserfahrungen des Kindes, die mit dem Traum assoziiert sind.

Schaffen Sie Brücken ins Wachleben

Damit ein Traum für uns verständlich wird, ist es ganz wichtig, dass wir im Gespräch sogenannte Brücken ins Wachleben schaffen. Sie versuchen dabei, Ähnlichkeiten zwischen Traumsymbolen und -erfahrungen und realen Gegebenheiten aufzuspüren. Wie wir weiter oben schon ausgeführt haben, sind Träume im Tageserleben verankert. »Erinnert dich denn der

Traum an etwas, das du in den letzten Tagen tatsächlich erlebt hast?« Und wenn Sie eine Vermutung haben, dann fragen Sie ganz gezielt: »... als du gestern auf der Kirmes warst, was hast du da erlebt?«

Achten Sie auf die Traumfiguren
Diesem Aspekt sollten Sie im Gespräch viel Zeit schenken. Während Sie bislang versucht haben, ein Gespür für die Traumlandschaft und die Lage des Traum-Ichs zu bekommen sowie Brücken ins Wachleben zu schaffen, geht es jetzt mehr um die emotional bewegenden Aspekte des Traums – die Auseinandersetzung mit den Traumfiguren. Sie verraten Ihnen sehr viel über die Beziehungen des Kindes zu sich selbst und seinen nahen Bezugspersonen. Wenn im Traum Mama und Papa in ihrer wahren Gestalt vorkommen, sind diese Zusammenhänge meist offensichtlich. Doch Kinder sind in dieser Hinsicht sehr kreativ. Sie verstecken reale Begebenheiten oft hinter Figuren, die mehr den Helden ihrer Bilderbücher ähneln als den tatsächlichen Gestalten. Vielleicht beginnen sie im Traum von Peter mit folgender Frage: »Woher kennst du Nessie?« »Macht Sie eher einen freundlichen Eindruck oder war sie im Traum vielleicht gereizt oder böse?« Um zu erfahren, ob sich jemand oder etwas hinter der Gestalt von Nessie verbirgt, können Sie fragen: »An wen erinnert dich Nessie? Gab es jemanden, der in letzter Zeit auch so wütend auf dich war wie Nessie im Traum?« In einem anderen Kapitel haben Sie bereits erfahren, dass Tiere,

Fabelwesen und unbekannte Figuren meist Projektionsflächen sind und somit stellvertretend für Personen stehen können, mit denen das Kind öfter in Kontakt tritt. Oftmals sind die Eltern als Monster oder andere großartige Wesen dargestellt. Das heißt nicht, dass Kinder Sie als bedrohlich erleben müssen. Es zeigt lediglich, dass sich Kinder ihren Eltern gegenüber manchmal ohnmächtig und klein fühlen. In solchen Traumfiguren könnten also Aspekte Ihres eigenen Charakters aus der Sicht des Kindes durchscheinen.

Achten Sie auf Projektionen
Oftmals verbergen sich hinter Traumfiguren Persönlichkeitseigenschaften des Kindes. Wenn beispielsweise in Jungenträumen Helden, Krieger und Übermenschen auftauchen, könnte dies darauf hindeuten, dass das Kind seine Schwächen mit einer Übergestalt kompensiert. Um herauszufinden, ob das zutrifft, sollten wir die Projektionen des Kindes von der Traumfigur lösen: »Möchtest du auch so groß und stark sein wie Nessi?«

Wir erkennen so die Gefühle, Bedürfnisse und Sehnsüchte, die das Kind in Gestalt der Traumfigur hat.

Bringen Sie Ihr Kind mit den Traumfiguren ins Gespräch
»Hast du denn mit Nessie im Traum gesprochen?« »Was hättest du ihr gerne gesagt?« Das sind typische

Gedankenexperimente, die dem Kind helfen, das Erlebte intensiver nachzuerleben. Sie selbst bekommen so einen Einblick in die Beziehungen zwischen dem Kind und den Traumfiguren.

Lassen Sie Ihr Kind stellvertretend für die Traumfigur antworten

»Was würde Nessi sagen, wenn du sie bitten würdest, aus dem Weg zu gehen?« Damit üben Kinder, die Perspektive anderer einzunehmen. Solche Fragen können Kinder üblicherweise erst ab dem 5. Lebensjahr beantworten. Mit Geschwisterkindern gelingt dies vielleicht früher. Der Antwort der Kinder lässt sich dann entnehmen, wie es das Verhalten der Eltern oder anderer wichtiger Menschen wahrnimmt.

Benennen Sie mögliche Probleme

»Nessi ließ dich nicht vorbeigehen, weil sie zu stark und groß war, oder?« Sehr oft weist das Problem im Traum darauf hin, dass uns etwas im Wachleben zu schaffen macht, etwas, was für uns nicht abgeschlossen ist. Das ist auch bei Kindern so. Das Problem erscheint dabei meistens in einem neuen Zusammenhang. Es ist Ihre Aufgabe, das Problem aus dem Traum herauszulösen und auf die Wirklichkeit zu beziehen. Dabei ist es sinnvoll, die Metapher für das Kind zu übersetzen: »Gab es denn in letzter Zeit Situationen, in denen dir jemand etwas verboten hat?«

Unterstützen Sie Ihr Kind bei der Suche nach Lösungen

Träume präsentieren selten Lösungen. Deswegen kann es sinnvoll sein, dem Traum eine Lösung anzufügen. Auch hier kann ein Gedankenexperiment weiterhelfen: »Was hättest du denn machen können, damit Nessi dich über die Brücke lässt?« Lösungen in der Fantasie vorzubereiten, hilft den Kindern, sich als selbstwirksam zu erfahren, im Sinne von: »Wow, ich kann was! Nessie ist gar nicht so groß und stark, die lässt sich ganz leicht austricksen!«

Hören Sie Wünsche heraus

»Du hättest dir also gewünscht, auf die Kirmes zu gehen?« Manchmal träumen Kinder von einer Torte, einem schönen Geburtstagsfest oder von einem Rummelplatz. Oft verbergen sich dahinter **Bedürfnisse**, die viel weiter reichen und nach denen Sie fragen können: »Du möchtest endlich auch mal selbst entscheiden und mal was ganz ohne Mama und Papa tun?«

Benennen Sie Stärken

Ganz generell können Sie Traumerzählungen dazu nutzen, die besonderen Fähigkeiten Ihres Kindes herauszustellen: »Hast du Nessi einfach rosa werden lassen, damit sie nicht mehr so gefährlich aussieht? Du hast wirklich tolle Ideen, auch wenn es mal schwierig wird.« Dadurch motivieren Sie Ihr Kind, noch mehr über den Traum und sich selbst zu erzählen.

Noch einmal in Kürze alle Methoden, die Sie im Gespräch nutzen können:

Ermutigen Sie Ihr Kind, einen Traum zu erzählen.

Fragen Sie nach und **klären** Sie, was Sie noch nicht verstanden haben.

Fragen sich auch nach **Einzelheiten**, die das Kind in der Traumerzählung vielleicht weggelassen hat.

Geben Sie das Erzählte in eigenen Worten wieder – **Spiegeln** Sie das Gesagte.

Achten Sie auf die **Gefühle** und formulieren Sie diese stellvertretend für das Kind.

Fragen Sie nach den **Gedanken** des Kindes.

Achten Sie auf das **Verhalten** des Kindes im Traum.

Vergleichen Sie zwischen dem **Wach**- und dem **Traumverhalten** des Kindes.

Lassen Sie das Kind zu den Traumbildern **frei assoziieren.**

Schaffen Sie **Brücken ins Wachleben.**

Achten Sie auf die **Traumfiguren.**

> **Lösen Sie Projektionen auf**: Wer verbirgt sich hinter der Traumfigur?
>
> Bringen Sie Ihr Kind **mit den Traumfiguren ins Gespräch.**
>
> Lassen Sie Ihr Kind **stellvertretend für die Traumfigur antworten.**
>
> Benennen Sie mögliche **Probleme.**
>
> Helfen Sie bei der Suche nach einer **Lösung.**
>
> Hören Sie **Wünsche** heraus.
>
> Leiten Sie daraus **Bedürfnisse** ab.
>
> Benennen Sie die **Stärken** des Kindes.

Was tun, wenn Kinder nicht reden wollen?

Nicht immer lassen sich Kinder auf ein Traumgespräch ein. Ob ein Traumgespräch erfolgreich verläuft, hängt von vielen Faktoren ab: Von der Lust am Sprechen, von der Art, wie wir nachfragen. Aber auch davon, ob das Kind sich ernst genommen fühlt und ob wir uns genügend Zeit nehmen. Kinder erzählen meistens gerne, doch manchmal können sie sich einem Gesprächsangebot auch verweigern. Gerade von den ganz Kleinen bekommen wir manchmal keine Antwort, wenn wir sie nach Details fragen. Oftmals deshalb, weil wir sie mit schwierigen Fragen überfordern, also zu viel von ihnen erwarten.

Kinder in der Pubertät hingegen üben sich konsequent darin, sich gegenüber den Eltern abzugrenzen. Alles, was wir in dieser Entwicklungsphase anbieten, wird kritisch beäugt und bewertet. Daraus schlussfolgern Eltern, dass Jugendliche auch ungern über Träume sprechen. Wir haben in unserer Arbeit andere Erfahrungen gemacht. Vor allem die Jugendlichen interessieren sich für Träume und sprechen sehr gerne mit jemandem darüber. Warum zeigen sich gerade Jugendliche so aufgeschlossen? Träume sind für Teenager kognitive Herausforderungen, die reizvoll und spannend sind. Sie haben ein immenses Bedürfnis, sich selber kennenzulernen und als die Person zu erfahren, die sie sind – körperlich wie spirituell. Grenzerfahrungen sind hierbei genau das Richtige, ob im Sport, bei Abenteuererlebnissen in der Natur, beim Experimentieren mit Drogen oder in Gesprächen über Gott und den Menschen. Ob Traumgespräche mit Jugendlichen stattfinden, hängt allerdings entscheidend davon ab, wie vertrauensvoll die Beziehung zwischen ihnen und ihren Gesprächspartnern ist und ob sich innerhalb der Familie eine gute und herzliche Gesprächskultur etablieren konnte. Aber wer weiß, vielleicht sind es im Konfliktfall ja gerade Träume, die zwischen Ihnen und Ihrem Kind neu vermitteln können.

Ganz selbstverständlich gelingen Gespräche über Träume mit Kindern zwischen 6 und 12 Jahren, aber auch da gilt: Gerade anfangs, wenn das Sprechen über Träume noch zu befremdlich ist, sollten wir mit Hürden rechnen. Eltern sollten also geduldig mit sich sein, um mit der neuen Gesprächsmethode vertraut zu werden. Gespräche können zwischendurch ins Stocken geraten, weil wir scheinbar nichts Wertvolles dabei ausgraben, oder sie enden abrupt, weil dem Kind plötzlich einfällt, mit dem Baukran zu spielen. So manches Kind möchte sich je nach Situation auch nicht mit unangenehmen Gefühlen konfrontieren. Andere Kinder sind gelangweilt, weil Papa immer wieder die gleichen Fragen stellt. Ganz allgemein gilt: Werfen Sie auf keinen Fall »die Flinte ins Korn«, verzichten Sie also nicht auf Traumgespräche, wenn es anfangs nicht bilderbuchmäßig läuft. Es ist nur eine Frage der Zeit, bis Sie gemeinsam wieder aufs Traummeer hinausfahren und mit prallgefüllten Netzen zurückkehren. Wie für jeden Fischer gilt auch für Sie – bleiben Sie geduldig. Das Sprechen über Träume wird mit zunehmender Übung selbstverständlicher, und dann verschwinden gewöhnlich innere Barrieren, die einem ungestörten Dialog zwischen Eltern und Kind entgegenstehen. Hier noch einige weitere Tipps und Alternativen, die uns besonders am Herzen liegen und Ihnen dabei helfen sollen, solche Barrieren abzubauen oder gar nicht erst entstehen lassen.

Ermutigen Sie Ihr Kind
Kinder sollten in jedem Fall selbst entscheiden dürfen, ob sie über ihren Traum sprechen wollen oder nicht. Üben Sie deshalb keinen Druck auf Ihr Kind aus. Günstiger ist es, nach dem Motto zu verfahren:

»Was nicht ist, kann ja noch werden«. Lassen Sie Ihrem Kind also Zeit und ermutigen Sie es etwa mit folgendem Satz: »Du scheinst gerade nicht mehr weiterreden zu wollen, aber vielleicht hast du später Lust dazu. Das würde mich freuen, denn dein Traum klingt wirklich spannend.«

Erwarten Sie keine Begründung
Bohren Sie nicht nach, wenn Ihr Kind keine Lust zum Reden hat. Dadurch fühlen sich Kinder gezwungen, sich zu rechtfertigen und verschließen sich häufig ganz. Zudem sind sie mit solchen Warum-Fragen meist überfordert und wissen selbst nicht so recht, weshalb sie schweigen oder eigentlich lieber ein Bilderbuch mit Ihnen anschauen möchten. Auch uns Erwachsene kann man ganz schön in Verlegenheit bringen, wenn wir unser Verhalten begründen sollen. Dann kann es schon mal vorkommen, dass wir uns im Labyrinth unserer Rechtfertigungen verlaufen, weil wir selbst nicht genau wissen, weshalb wir uns so oder so verhalten haben.

Motivieren Sie Ihr Kind zum Malen
Kinder haben manchmal Schwierigkeiten, aus Szenen und Bildern im Traum ein Sprachpaket zu schnüren, also in Worte zu kleiden, was sie sehen. Wenn Sie also merken, dass Ihrem Kind die Worte fehlen, um von seinen Traumerlebnissen zu berichten, dann probieren Sie es damit: »Wie wäre es, wenn du ein Bild zu

deinem Traum malst?« Eine solche Einladung schlagen besonders kleine Kinder nicht aus. Träume werden auf diese Weise bunt und gegenständlich, und nicht selten erkennen Sie hinter den Farben Stimmungen, die das Kind so nicht in Worte hätte fassen können. Mit einer Zeichnung können Kinder zudem auch weitere Details und Aspekte über das Erzählte hinaus mitteilen. Sind das Feuerwehrauto, der Drache oder die Katze schließlich auf dem Papier, lässt sich dann oft erneut darüber sprechen. Sie können Ihr Kind auch dazu anregen, verschiedene Spielmaterialien zu nutzen: Bauklötze, Legosteine, Puppen und Plüschtiere – der Fantasie sind hier keine Grenzen gesetzt. Alles, was sich dazu eignet, die Traumlandschaft abzubilden, fördert auf kindgerechte Weise die weitere Auseinandersetzung mit einem Traum.

Laden Sie Ihr Kind zum Nachspielen ein
Ein Traum lässt sich auch wie ein kleines Theaterstück nachspielen. In Rollenspielen sind Kinder ungebremst. Sie selbst oder Geschwisterkinder können dabei bestimmte Rollen übernehmen: »Also, du spielst jetzt mal die Nessi und ich möchte an dir vorbeigehen. Mal sehen, was ich dazu tun muss und ob mir das gelingt. Und nachher darf ich dann mal die Nessie spielen.« Es macht Kindern großen Spaß, in eine andere Rolle zu schlüpfen. Ganz nebenbei befassen sie sich erneut mit einzelnen Traumbildern und zeigen deutlich ihre Gefühle, die sie im Traum erlebt haben.

Damit Traumgespräche garantiert stattfinden und gelingen können

Ob ein Gespräch über einen Traum in Gang kommt und was daraus wird, hängt nicht nur von der Gesprächsbereitschaft der Kinder ab. Weitaus wichtiger ist es, ob wir uns selbst ganz auf das Traumgespräch einlassen können. Oftmals können sich Träume kaum gegen all die vermeintlich wichtigeren Dinge des täglichen Lebens durchsetzen. Wir Erwachsene versuchen meist – aus guten Gründen – die Struktur des Alltags mit all den schönen und paradoxerweise auch mit all den unschönen Aspekten aufrechtzuerhalten. Träume stellen dahingehend eine Art Bedrohung dar: Vielleicht haben wir Angst vor dem Neuen oder davor, wertvolle Zeit zu verschwenden. Um die Traumoffensive unserer Kinder erfolgreich abzuwehren, greifen wir manchmal zu wenig konstruktiven Strategien: Wir weichen aus, vertrösten, bagatellisieren oder beschwichtigen das Kind. Selbst wenn wir Eltern unseren Kindern zuhören wollen, bedeutet dies nicht, dass jetzt die Bahn zu einem erfolgreichen Traumgespräch frei ist. Bestimmte Vorannahmen und Vorurteile können einen guten Fortgang des Gesprächs behindern. Wie begegnen Sie den Träumen Ihres Kindes? Wir nennen nachfolgend typische Widerstände und geben Empfehlungen, wie Sie diese erfolgreich überwinden können.

Entmystifizieren Sie Träume

Jeder von uns hat ganz eigene Vorstellungen davon, was Träume sind und welche Funktion sie haben. Falsche Vorstellungen über die Bedeutung von Träumen führen oft dazu, die Äußerungen des Kindes in Schubladen und Kategorien abzulegen. Wir verschließen uns einer weiteren Auseinandersetzung mit den Trauminhalten oder lenken das Gespräch in eine für alle Beteiligten »ungefährlichere« Richtung. Stellen Sie sich zum Beispiel vor, Ihr Kind hatte folgenden Traum:

Mein liebes Pony Trixi ist gestorben.

Träume dieser Art rufen bei vielen Menschen ein ungutes Gefühl wach. Versteckt sich dahinter ein unheilvolles Omen? Leidvolle Erfahrungen in Träumen werden meist mit einem zu erwartenden Unglück verknüpft. »*Trixi ist ja zum Glück noch am Leben, aber könnte der Traum auf den nahen Tod des geliebten Ponys hinweisen?*« Solche Träume sind irgendwie unheimlich und wir beschließen, das Traumgespräch gar nicht erst zu beginnen. Träume wirken manchmal so geheimnisvoll und fremd, dass sie uns einschüchtern und uns überfordern. Wir folgen der Devise: Lieber nicht dran rühren, um damit kein Unheil heraufzubeschwören. Das ist schade, denn mit ein paar wenigen gezielten Fragen, wie wir sie im Leitfaden beschrieben haben, entpuppen sich Träume über das Sterben und den Tod als viel weniger dramatisch als es klingt. Während des Gesprächs verschwindet also das anfängliche Unbehagen, weil sich konstruktive Brücken ins Wachleben finden lassen, die die ängstigenden Schwingungen des Traumes abfedern. Unsere Erfahrung zeigt, dass alle (vermeintlich) prophetischen, unheilvollen oder geheimnisvollen Träume sich mit vorsichtigen und einfühlsamen Fragen als Träume entlarven, die von den Nöten und Sorgen des Kindes erzählen und keine Botschaften bezüglich der Zukunft oder des Jenseits sind. Das bedeutet nicht, dass es solche Träume nicht gibt. Sie sind uns in der Praxis nur noch nicht begegnet.

Überprüfen Sie Ihre Vorurteilegegenüber Träumen

Wenn uns jemand einen Traum erzählt, kramen wir schon mal in Gedanken überwunden geglaubte Vorurteile und hinderliche Meinungen aus: »Träume sind ja sowieso nur Schäume.« »Lass uns lieber über etwas Sinnvolleres reden.« »Was kann ein Traum schon bedeuten, sind sowieso alles Hirngespinste.« »Wäre es jetzt nicht wichtiger, die Hausaufgaben zu erledigen?« So schaffen wir beste Voraussetzungen, um einen sich anbahnenden Dialog im Keim zu ersticken. Kinder erkennen bereits an unserem Stirnrunzeln, dass es sich nicht lohnt, weiter über ihr nächtliches Abenteuer zu sprechen.

Betrachten wir nun eines dieser Vorurteile gegenüber Träumen genauer: Die meisten Menschen dürften Wacherfahrungen als weitaus wichtiger für die Entwicklung des Menschen einschätzen als Traumerfahrungen. Ist diese Überzeugung wirklich gerechtfertigt oder lässt sie sich widerlegen? Machen wir dazu ein kleines Gedankenexperiment und stellen uns folgende Situation vor: Fabian kommt vom Training nach Hause und erzählt seinem fußballbegeisterten Vater von seinen Dribblings und Flanken, die ihm heute besonders gut gelungen sind. Wie die meisten Väter wäre wohl auch Fabians Vater stolz und würde seinem Sohn aufmerksam zuhören. Stellen Sie sich nun vor, Fabian erzählt seinem Vater die gleiche Geschichte am frühen Morgen als Traumerlebnis. Würde er ihm die gleiche Aufmerksamkeit schenken? Eher nicht. Wir wissen heute jedoch, dass Menschen durch mentales Üben ähnliche Trainingseffekte erzielen können, wie wenn sie die zu erlernende Bewegungsabfolge real ausführen. Etwas Ähnliches können wir auch beim Träumen vermuten.

So lassen sich ausgeführte Bewegungen im Traum in den entsprechenden motorischen Arealen des Gehirns durch eine erhöhte Stoffwechselaktivität und auch in einer leicht erhöhten Muskelaktivität nachweisen. Dass sich im Traum motorische Fähigkeiten trainieren lassen, legen auch Untersuchungen von Daniel Erlacher nahe. Er ließ luzide Träumer – Menschen, die sich im Traum darüber bewusst sind, dass Sie träumen – Kniebeugen und Münzwürfe im Schlaf trainieren. Es zeigte sich, dass im Gegensatz zu einer Vergleichsgruppe die Kniebeugen und Münzwürfe am nächsten Morgen von der trainierenden Gruppe besser ausgeführt werden konnten, sich also ein Trainingseffekt eingestellt hat. Unsere Schlussfolgerung wäre somit, dass Fabian auch im Traum seine Dribblings perfektioniert. Die Traum-Bewegung konsolidiert sich ganz unabhängig davon, ob wir diese erinnern, nämlich indem entsprechende neuronale Netze aktiviert werden und die Erfahrung sich somit vertieft.

Wenn Ihr Sohn im Traum also einen Gegner umdribbelt und ein spektakuläres Tor schießt, dann stärkt dies sein Selbstbewusstsein und er trainiert Bewegungsabläufe ganz ähnlich wie im Wachen – wäre es da nicht angebracht, dieser Erzählung mit gleichem Interesse zu begegnen wie der Erzählung aus dem Training?

Das Potenzial zur Veränderung von Träumen würdigen

Wenn wir mit Eltern sprechen, dann zeigt sich oftmals ziemlich rasch, dass viele Eltern genau davor Angst haben: Durch ein zu intensives Nachfragen etwas im Kind aufzuwühlen, das es zu arg belasten könnte. Ist diese Angst aber wirklich begründet? Wir glauben nicht. Unsere Erfahrung ist, dass verschiedene psychische Inhalte, die im Gespräch aus den Tiefen des Unbewussten an die Oberfläche schwappen, der persönlichen Entwicklung von Kindern guttun. Dieses Aufdecken von Eindrücken und Erfahrungen wirkt erleichternd, befreit, löst Ängste, wirkt sich positiv auf das Selbstbewusstsein aus, ermöglicht Identifikationsprozesse und macht Kinder stark – all dies haben wir in den vorangegangenen Kapiteln ausführlich beschrieben. Dass Traumgespräche Kinder belasten oder ihre Entwicklung gefährden könnten, konnten wir bislang nicht beobachten. Zudem erzählen Kinder nur immer so viel, wie sie gerade jemandem anvertrauen möchten.

Allzu belastende Themen bleiben unangetastet, weil sie zu bedrohlich und ängstigend wären. Lassen Sie sich also von der Gesprächsbereitschaft Ihres Kindes leiten und vertrauen Sie dem Veränderungspotenzial von Träumen.

Werden Sie sich Ihrer Gesprächsziele bewusst
Wenn wir mit anderen über Träume sprechen, dann tun wir das, um einen Traum zu verstehen. Die Bedeutung eines Traumes zu eruieren, die Botschaft herauszuarbeiten oder uns die Frage zu stellen: »Was will der Traum uns sagen?«, sind die klassischen Motive, ein Traumgespräch zu führen. Aber wollen uns Träume wirklich etwas sagen, und wenn ja, kann es uns dann gelingen, die Botschaft zu erschließen? Unsere Erfahrung zeigt, dass wir mit diesem Anspruch das Traumphänomen überhöhen und es damit unerreichbar für uns und für unsere alltäglichen Belange machen. Träume lassen sich darüber hinaus in ihrer ganzen Komplexität nicht vollständig fassen. Jedes Symbol ist mit zahlreichen Wach-, und Kindheitsbzw. frühen Erfahrungen assoziiert, die sich nicht immer genau herausarbeiten lassen. Kindern fällt es zudem viel schwerer, zu ihren Trauminhalten passende Assoziationen zu benennen als Erwachsenen. Woher

die Traumbilder also stammen, welche Quellen ihnen zugrunde liegen, lässt sich in der Regel nur in sehr ausführlichen Gesprächen erarbeiten. Das mag jetzt vielleicht etwas ernüchternd klingen. Es ist aber gar nicht notwendig, einen Traum vollständig zu verstehen. Manchmal genügt es schon, nur eine von vielen möglichen Perspektiven einzunehmen. Im Folgenden haben wir für Sie einige dieser Gesprächsziele aufgeführt.

- Petras Ziel ist es, mit ihrer Tochter wieder einmal ein gutes Gespräch zu führen. Sie weiß, dass Chantal, die 13 Jahre alt ist, lieber über Träume spricht als über ihre Alltagserfahrungen.
- Karins Anliegen ist es, durch gezielte Fragen herauszufinden, mit welchen Schwierigkeiten ihr Sohn Stefan gerade besonders zu kämpfen hat und in welcher Weise sie Stefan unterstützen kann, seine Probleme zu bewältigen.
- Da Annabels Tochter sehr oft Alpträume hat, möchte sie im Traumgespräch nach den Herausforderungen fahnden, die ihre Tochter gerade nicht bewältigt.
- Kurt möchte wissen, ob die eine oder andere Fernsehsendung bedenklich ist und Spuren im Seelenleben von Marco hinterlässt.
- Kurts Sohn Raphael spricht häufig im Schlaf. Er vermutet deshalb, dass sein Sohn momentan verstärkt gestresst ist. Kurt möchte im Traumgespräch erfahren, was seinen Sohn belastet, da er im Wachen selten offen über seine Probleme spricht.

✼ Klara hat schon öfter versucht, mit ihrer 7-Jährigen über Träume zu sprechen, doch Stephanie scheint sich damit zufriedenzugeben, den Traum zu erzählen und ist anschließend schon mit anderen Dingen beschäftigt. Klara möchte lernen, in Zukunft die richtigen Fragen zu stellen, damit sich Stephanie eher auf das Traumgeschehen einlässt.

✼ Die Beziehung zwischen Fabio und seiner Mutter Patricia ist extrem belastet, Patricia möchte herausfinden, wie sie selbst in Fabios Träumen dargestellt ist.

✼ Peter ist seit der Scheidung seiner Eltern sehr ruhig und in sich gekehrt. Manchmal ist er auch aggressiv zu seiner Mutter. Heike möchte mehr darüber erfahren, wie er die Scheidung verarbeitet.

✼ Barbara hat festgestellt, dass Nicole sich nach einem Traumgespräch immer sehr wohl und ausgeglichen fühlt. Sie möchte das Traumgespräch dazu nutzen, um mit ihrer Tochter etwas Angenehmes zu erleben.

Schreiben Sie sich Traumdeutungskompetenzen zu!

Gehen Sie selbstbewusst und zuversichtlich in ein Traumgespräch. An anderer Stelle haben wir schon formuliert, dass Sie als Eltern die wahren Experten der Träume Ihrer Kinder sind. Wir möchten dies hier nochmals bekräftigen. Das, was früher das alleinige Anrecht geistlicher Führer, Schamanen und Priester war und heute die Expertise von Psychotherapeuten und Psychologen, können Sie auf Ihre Weise ebenso gut: Den Traum Ihres Kindes in den Kontext seines Lebens einzubetten, also einen Traum zu verstehen.

Traumgespräche mit Kindern – oder wie Sie die Träume Ihres Kindes verstehen lernen

Wir zeigen Ihnen in dem nun folgenden Kapitel, wie sich der Leitfaden anwenden lässt. Sie werden an Gesprächsbeispielen noch besser nachvollziehen können, wie sich Traumgespräche entwickeln und welche Erkenntnisse und Einsichten über Kinder und Beziehungen sie hervorbringen. Wie sind diese Gespräche entstanden? Interessierte Mütter und Väter haben von uns den Gesprächsleitfaden erhalten, den wir im letzten Kapitel vorgestellt haben. Sie ließen sich von den Empfehlungen inspirieren und konnten bald spontane Fragen formulieren, um das Gespräch systematisch zu lenken. Die Gespräche haben wir aufgezeichnet und mit geringfügigen Änderungen (der besseren Lesbarkeit wegen) übernommen. Teilweise führten wir nach Aufzeichnung der Protokolle weitere Gespräche mit den Eltern und Kindern, um lückenhafte Darstellungen oder unklare Zusammenhänge zu rekonstruieren. Dabei achteten wir darauf, die Gespräche so ursprünglich und authentisch wie möglich zu belassen.

Alle Namen wurden geändert und Informationen über Personen und den familiären Kontext so abgewandelt, dass der Rückbezug auf tatsächliche Daten nicht möglich ist.

Um exemplarisch aufzuzeigen, wie sich ein Traumgespräch entwickeln kann, und um transparent zu machen, wie Eltern zu tieferen Einsichten über einen Traum gelangen können, haben wir die Beispiele in einer weitgehend einheitlichen Struktur dargestellt: Nach dem Originaltext des erzählten Traums geben wir einige zusätzliche Informationen über das träumende Kind. Danach folgt das Gespräch. Die Gedanken und Fragen, die bei Müttern und Vätern häufig unmittelbar nach einem Traumgespräch auftauchen, haben wir ebenfalls aufgegriffen, um eine Gedankenbrücke zur nachfolgenden Analyse des Gesprächs zu schaffen. Darin vergleichen wir im Wesentlichen die Traumerfahrungen mit den Wacherfahrungen. Wir orientieren uns dabei am Verhalten, an den Stärken und den Gefühlen des Kindes sowie an seinen Beziehungen zu den Traumfiguren. Auf diese Weise werden die Zusammenhänge für die Leserin und den Leser transparent und können schließlich in leicht nachvollziehbare neue Perspektiven und Denkanstöße für Eltern münden. In den umrandeten Textfeldern finden Sie zusätzliche theoretische Hintergrundinformationen oder eigene Reflektionen. Die Träume sind nach dem Alter der Kinder geordnet. Zuerst kommen die Träume der ganz Kleinen und zum Ende hin die Träume der älteren Kinder.

Der Kuss – Lilo (5 Jahre alt) träumt:

Ich will den Papa küssen.

Wer ist Lilo? Lilo ist ein sehr liebenswertes aber auch schüchternes Mädchen. Es fällt ihr schwer, sich anderen gegenüber zu öffnen. Auf Fragen antwortet Lilo nur kurz. Sie hört aber gern zu, wenn andere etwas erzählen.

Was geschah an den Tagen vor dem Traum? Lilo schaut sich mit den großen Schwestern Tini und Maria – 13 und 14 Jahre alt – die Vorabendserie »Verbotene Liebe« an.

Lilo und ihre Mutter Magda sprechen über den Traum:
Magda: Hast du Papa denn auch wirklich geküsst? **(Klären)**
Lilo: Ich wollt schon, aber ich hab mich nicht getraut.
Magda: Was hätte der Papa denn gemacht, wenn du ihn geküsst hättest? **(Gedankenexperiment)**
Lilo: Vielleicht gefreut.
Magda: Glaubst du wirklich? Wo wart ihr beide denn im Traum? **(Nach Einzelheiten fragen)**
Lilo: Der Papa lag auf dem Sofa, hat seine schlaue Zeitung gelesen.
Magda: Papa hat dich also gar nicht bemerkt? **(Nach Einzelheiten fragen)**
Lilo: Doch, ich glaub schon – der hat halt gelesen.

Magda: Und wie war das für dich? (**Gefühle erkunden**)
Lilo: Blöd! (Zieht eine Grimasse)

> Kinder haben Schwierigkeiten damit, Gefühle zu benennen. Wenn Sie es anstatt der Kinder tun, lernen Kinder, Gefühle differenzierter zu beschreiben und Sie selbst entwickeln ein tieferes Traumverständnis.

Magda: Du meinst also, dass du darüber enttäuscht bist. (**Gefühle benennen**)
Hättest du dir denn gewünscht, dass der Papa auf dich schaut? (**Wünsche benennen**)

> Im Gewand der Traumerzählung verbergen sich meist Wünsche und nicht erfüllte Bedürfnisse Ihres Kindes. Ein Ziel des Traumgesprächs wäre es, diese aufzuspüren.

Lilo: Ja.
Magda: Du möchtest, dass der Papa öfters mit dir spielt, gell? (**Bedürfnisse benennen**)
Was hast du denn im Traum versucht, dass er dich bemerkt? (**Verhalten erfragen**)
Lilo: Nichts.

Magda: Du hast also nichts unternommen und er hat so getan, als würde er dich nicht bemerken. **(Problem benennen)** So ist er halt, aber ich versprech's dir, ich werde mal mit ihm reden. Findest du Küssen eigentlich gut? **(Wünsche erfragen)**
Lilo: Tini möchte den Matthias (einen Schulfreund) küssen.
Magda (erstaunt): So, so … Was hättest du denn machen können, damit du den Papa küssen kannst? **(Gedankenexperiment – Lösung anregen)**
Lilo: Vielleicht die Zeitung wegnehmen oder ihn an den Füßen kitzeln?
Magda: Ja, das ist eine gute Idee! **(Stärken)** Also wenn Papa wieder mal auf dem Sofa liegt, dann kitzelst du ihn an den Füßen. **(Lösung bekräftigen)**
Lilo (glücklich und voller Vorfreude): Ja genau und dann küsse ich ihn.

So denkt Magda über Lilos Traum: Lilo hat in letzter Zeit davon gesprochen, dass sie ihren Papa heiraten möchte. Und in den Fernsehsendungen, die sie mit ihren großen Schwestern anschaut, geht es auch darum, wer verliebt sich in wen und wer kommt als Paar zusammen. Da wird auch viel geküsst. Küssen ist ja gut, aber weshalb möchte sie ihn gerade auf den Mund küssen? Ja und Hans drückt sich immer ein wenig, wenn es darum geht zu kuscheln oder mit den Kindern zu spielen.

Vergleich von Wachleben und Traum: Lilo verhält sich im Wachzustand ihrem Papa gegenüber ganz ähnlich, zögerlich und schüchtern wie im Traum. Der Traum bildet also die **Beziehung** zu ihrem Vater ganz treffend ab. Die Mutter bekommt dadurch die Chance, Lilos Perspektive der Beziehung zum Vater wie durch ein Vergrößerungsglas deutlich und klar zu erkennen. Auf der einen Seite sind Lilos Bedürfnisse und auf der anderen Seite die Art und Weise, wie der Vater auf diese Wünsche reagiert. In Lilos Traum könnte man eine **Aufforderung** vermuten, die Lilo etwa folgendermaßen aussprechen könnte: »Papa, weißt du eigentlich, wie sehr ich dich liebhabe? Ich würde mich riesig freuen, wenn du mir auch mal die Gelegenheit gibst, dir das zu zeigen.«

Weitere Erkenntnisse: Durch das Traumgespräch zeigt sich der Mutter, dass Lilo nicht nur von ihrem Vater öfters gesehen werden möchte, sondern auch, dass sie einen ganz speziellen Wunsch hat: ihren Vater auf den Mund zu küssen. Das irritiert Magda, aber schließlich ist es normal, dass Kinder in diesem Alter solche Wünsche hegen. Zwischen dem 3. und 5. Lebensjahr beginnen Kinder, sich für alles zu interessieren, was mit Sexualität zu tun hat. Kinder spielen »Mutter-Vater-Kind« und erforschen in »Doktorspielen« den eigenen wie den Körper anderer Kinder. Mädchen und Jungen erkennen körperliche Unterschiede zwischen Männern und Frauen und wissen, welchem Geschlecht sie selbst angehören. Vor diesem Hintergrund ist Lilos Wunsch, den Papa zu küssen, als ein Annäherungsversuch an das andere Geschlecht zu verstehen. Es ist aber auch der Wunsch, zu erfahren, wie es sich wohl anfühlt, den Papa auf den Mund zu küssen. Väter sind aber generell verunsichert wie viel körperliche Nähe sie zu ihrer Tochter zulassen dürfen. Wenn Väter nun die kindliche Verliebtheit ihrer Töchter zurückweisen, dann erleben die Mädchen das distanzierte Verhalten des Vaters als Ablehnung ihres weiblichen Geschlechts und damit ihrer Person. Sexualität, die sich bei Kindern als Bedürfnis nach Zärtlichkeit und sinnlichen Erfahrungen zeigt, wird so tabuisiert und negativ bewertet. Es könnte also für den Vater sinnvoll sein, den Umgang mit seiner Tochter Lilo zu überdenken, mehr Nähe zu wagen, und – weshalb eigentlich nicht? – sich auch mal von ihr auf den Mund küssen zu lassen.

Das neue Baby – Lisa (5 Jahre alt) träumt:

Du hast ein Baby bekommen und ich hab auf das Baby aufgepasst, weil ich die große Schwester bin und du nicht viel Zeit hast.

Wer ist Lisa? Lisa hat zwei ältere Brüder im Alter von 10 und 12 Jahren und einen jüngeren Bruder, Mirco, der 3 Jahre alt ist. Sie hat keine Freundinnen, mit denen sie sich treffen kann, weil die Familie zurückgezogen auf dem Land lebt. In ihrer umsorgenden, fast mütterlichen Art kümmert sich Lisa gerne um ihren Bruder Mirco. Für Mirco ist sie die große Schwester, die alles kann und weiß. Die beiden verstehen sich auch sehr gut.

Was geschah an den Tagen vor dem Traum? Kevin, ein Freund aus dem Kindergarten, hat ein Schwesterchen bekommen. Er hat es Lisa ganz stolz gezeigt, als ihn seine Mama vom Kindergarten abgeholt hat. Lisa erzählte zu Hause auch, dass die Erzieherinnen in letzter Zeit manchmal mit ihr schimpfen. Sie sehen es nicht so gerne, wenn Lisa sich um ihren Bruder Mirco kümmert, der erst seit kurzem in den Kindergarten gekommen ist.

Lisa und ihre Mutter Susanne sprechen über den Traum:
Susanne: Ich habe also noch ein Baby bekommen und du hast es versorgt? (**Klären**)
Lisa: Ja!
Susanne: Wie war das für dich – so ganz allein auf ein Baby aufzupassen? (**Gefühle erkunden**)
Lisa: Das war toll. Ich hab alles gemacht und du hast dich ausgeruht.
Susanne: Du scheinst dich dabei richtig gut gefühlt zu haben, alles alleine zu erledigen. (**Spiegeln**) Wo hab ich mich denn ausgeruht? (**Nach Einzelheiten fragen**)

> Durch Spiegeln, also das Umformulieren in eigene Worte, zeigen wir Kindern, dass wir ihre Art zu denken und zu fühlen verstehen und akzeptieren.

Lisa: Weiß nicht – du warst gar nicht da.
Susanne: So, du hattest das Baby also ganz für dich allein. Was hast du denn genau gemacht mit dem Baby? **(Verhalten erfragen)**
Lisa: Ich hab's auf dem Arm gehalten und ich hab dem Baby das Tierbuch gezeigt.
Susanne: Und das Baby fand es schön, dass du ihm das Bilderbuch gezeigt hast? **(Nach Einzelheiten fragen)**
Lisa: Irgendwann hat es angefangen zu weinen, aber ich hab es dann gleich geschaukelt und dann ist es eingeschlafen. Das war sooo süß.
Susanne: Das Baby war sicher deshalb so zufrieden, weil du das so toll gemacht hast. Ganz ähnlich wie bei Mirco. Der ist auch immer ganz glücklich, wenn du was mit ihm machst.
Da bin ich richtig stolz auf dich. Das können längst nicht alle Mädchen in deinem Alter. **(Stärken benennen)**
Susanne: Hättest du denn noch gerne ein Geschwisterchen? **(Wünsche benennen)**
Lisa: Au ja, bitte Mama, ja, noch ein neues Baby.
Susanne: Du findest es sicher schade, dass du dich im Kindergarten nicht um deinen Bruder kümmern darfst, oder? **(Brücken ins Wachleben)**
Lisa: Ja, die Frau Lose ist so gemein.

So denkt Susanne über Lisas Traum: Im ersten Moment war ich fast ein wenig schockiert. Ich dachte: Ich werde doch wohl nicht noch ein Kind bekommen? Wie kommt Lisa denn zu einem solchen Traum? Jetzt aber nach dem Traumgespräch wird klar: Wahrscheinlich gefällt es ihr einfach, so ein kleines hilfloses Wesen zu versorgen. Natürlich lobe ich sie auch viel, weil sie das mit Mirco schon so gut macht. Warum träumt sie aber dann nicht von ihm, sondern versorgt im Traum ein anderes Baby?

Vergleich von Wachleben und Traum: Lisa zeigt im Traum und im Wachleben ähnliche **Verhaltensweisen**: Im Wachleben kümmert sie sich gerne um ihren kleinen Bruder. Im Traum versorgt sie ein Neugeborenes. Hier geht sie also noch einen Schritt weiter und übernimmt die mütterliche Aufgabe, ein Baby alleine zu betreuen, das ganz auf ihre Hilfe angewiesen ist. Im Kindergarten aber wird sie daran gehindert, ihre helfende Seite bei ihrem kleinen Bruder auszuleben. Dort wird diese Aufgabe von anderen übernommen. Achten wir auf Lisas **Gefühle** im Traum: Lisa ist stolz darauf, alles schon genau so gut zu können wie die Mama. Sie fühlt sich »groß«, weil sie ihre Mama wirksam entlasten kann. Es sieht so aus, als würde Lisa ihre soziale Seite im Traum genussvoll ausleben. Die Unterstützung ihres Bruders ist für Lisa eine wichtige Quelle der Anerkennung. Bei dieser Quelle scheint jedoch momentan das Wasser knapp zu werden, denn von den Erzieherinnen wird Lisa in dieser vertrauten Rolle nicht so bestätigt, wie sie es von daheim gewohnt ist. Lisa erträumt sich daher eine geniale **Lösung**: Die Mama bekommt ein weiteres Geschwisterkind, das als Baby ganz auf sie angewiesen ist, denn ihre Mama muss sich ja ausruhen und hat dafür wenig

Kraft. Zu Hause mit dem neuen Baby ist sie weit weg von den »gemeinen« Erzieherinnen und umgeht somit geschickt das Verbot.

Weitere Erkenntnisse: Für Susanne wird deutlich, wie wichtig es für Lisa ist, ihren kleinen Bruder zu betreuen. Sie fühlt sich darin bestätigt, ihren Kindern nicht nur Routinearbeiten zu übertragen, sondern vor allem echte Herausforderungen anzubieten.

> Auch Kinder möchten bei dem, was sie tun, Erfolg haben und stolz auf ihre Leistungen sein. Solche Erfolgserfahrungen stellen sich leicht ein bei Aufgaben, die sie als wertvoll und wichtig ansehen.

Weshalb die Erzieherinnen Lisa verbieten, mit ihrem Bruder zusammen zu sein, ist ihr allerdings nicht so recht klar. Durch das Traumgespräch fühlt sich Susanne aufgefordert, im Kindergarten die Gründe für diese Entscheidung zu hinterfragen.

Weitere Perspektiven: »… und du nicht viel Zeit hast.« Weshalb glaubt Lisa, dass die Mutter mit einem weiteren Geschwisterchen überfordert wäre? An dieser Stelle könnte Susanne das Traumgespräch weiterführen und Lisa nochmals explizit fragen, woran sie denn erkennt, dass sie als Mutter entlastet werden möchte.

Der Eisbär (Alptraum) – Vladi (5 Jahre alt) träumt:

Jemand hat geklingelt. Ich hab nicht aufgemacht. Igor hat gerufen: »Mach auf!« Erst hab ich die Tür oben aufgemacht und dann noch unten. Dann stand ein Eisbär da. Ich bin weggerannt bis zum Sofa, dann kam er. Er ist auf mich drauf gesprungen.

(Vladi erwacht und kann anschließend lange nicht mehr einschlafen, so aufgeregt ist er.)

Wer ist Vladi? Vladi ist für sein Alter ein schon recht großer Junge. Er ist schlau und schaut sich gerne Sendungen über Tiere im Fernsehen an. Er ist schüchtern, deshalb vertraut er sich anderen Menschen nur sehr zögerlich an. Seinen Bruder Igor, der 18 Jahre alt ist, mag er sehr gerne. Igor ist sein großes Vorbild. Vladi ist traurig darüber, dass Igor zunehmend weniger Zeit mit ihm verbringt, da dieser lieber gleichaltrige Freunde außer Hause trifft.

Was geschah an den Tagen vor dem Traum? Vladis Opa hat schon sehr oft drohend verkündet: »Mach bloß keinem Fremden die Tür auf.« Einige Tage zuvor hat Vladi eine Dokumentation über Eisbären im Fernsehen gesehen. Die Eltern von Vladi sind jeden Tag zwei Stunden nicht zu Hause, so dass Vladi in dieser Zeit meist alleine ist.

Vladi und seine Mutter Natascha sprechen über den Traum:

Natascha: Und dann bist du gerade noch rechtzeitig aufgewacht? **(Klären)**

Vladi: Das war schlimm. Er wollte mich fressen.

Natascha: Oje, da hätte ich mich aber auch erschrocken, wenn da plötzlich so ein Eisbär in der Tür steht. **(Gefühle benennen)**

Vladi: Ja, Igor konnte ja nicht.

Natascha: Du hättest dir gewünscht, dass Igor die Tür aufmacht? **(Wünsche benennen)** Was wäre dann anders gewesen? **(Gedankenexperiment)**

Vladi: Ja, dann wäre der Eisbär davongerannt!

Natascha: Du meinst also, dass der Eisbär vor Igor Angst gehabt hätte? **(Spiegeln)**

Vladi: Ja, Igor ist ja viel größer als der Eisbär.

Natascha: Wie groß war der Eisbär denn? **(Nach Einzelheiten fragen)**

Vladi: So groß wie ich – ungefähr. (Zeigt die Höhe des Eisbärs mit der Hand an)

Natascha: … und so ganz ohne Igor? Hättest du auch was machen können? **(Gedankenexperiment – Lösungen anregen)**

Vladi: Nein, ohne Igor nicht.

Im Traumgespräch ergeben sich oftmals interessante neue Einsichten, wenn Sie danach fragen, ob und weshalb etwas, das zu erwarten wäre, in der Traumerzählung fehlt.

Natascha: Waren Papa, ich und Opa eigentlich auch im Haus, als der Eisbär kam? (**Nach Einzelheiten fragen**)
Vladi: Nein, nur Igor und ich.
Natascha: Wo waren wir denn? (**Nach Einzelheiten fragen**)
Vladi (schmollend): Arbeiten.
Natascha: Hmmmm. Eigentlich magst du ja Eisbären? (**Brücken ins Wachleben**)
Vladi: Ja, aber der war sehr böse. Der Eisbär im Fernsehen ist auch böse. Der hat dem Schneehasen weh gemacht.
Natascha: Du hättest dem armen Häschen am liebsten geholfen. (**Spiegeln**)
Im Traum konntest du also nicht mehr fliehen und Igor konnte dir auch nicht helfen. (**Problem benennen**)
Vladi: Zum Glück bin ich aufgewacht.
Natascha: Hat denn schon mal jemand an der Tür geklingelt, als du alleine zu Hause warst? (**Brücken ins Wachleben**)
Vladi (stolz): Ja, oft, aber ich hab nicht aufgemacht, ich mach nie auf!
Natascha (besorgt): Wieso erzählst du uns das denn nicht?

So denkt Natascha über Vladis Traum: Oje, das war bestimmt ganz furchtbar für Vladi – so alleine im Haus und dann klingelt es einfach an der Tür. Er macht ja nicht einmal die Tür auf, wenn wir alle zu Hause sind. Und jetzt hat er vermehrt diese Alpträume. Eigentlich hat Igor immer auf ihn aufgepasst – ihn beschützt, aber er kümmert sich in letzter Zeit immer weniger um ihn. Und bei uns geht die Arbeit vor. Vielleicht dürfen wir Vladi einfach nicht so oft alleine lassen?

> Kinder übernehmen oft die Ängste der Eltern. Was dem Opa unheimlich ist, wird jetzt auch für den kleinen Vladi zum Problem. Damit Kinder Mut und Zuversicht entwickeln, ist es wichtig, dass wir Erwachsene unsere eigenen Ängste erkennen, überwinden und bewältigen lernen.

Vergleich von Wachleben und Traum: Betrachten wir zunächst das **Verhalten** des Traum-Ichs dann sehen wir, dass Vladi zögerlich ist. Er hält sich auch im Traum an die Vorgabe seiner Eltern, die Haustür nicht zu öffnen. Das tut er erst, als ihn sein großer Bruder schließlich dazu auffordert. Auch dies entspricht ganz der **Beziehung zu seinem Bruder** im Wachleben. Vladi macht immer genau das, was der große Bruder anordnet. Vladi weiß auch, dass Igor sich duscht, bevor er ausgeht, und somit nicht zur Tür kommen kann, wenn es klingelt. Im Traum wiederholt sich diese Alltagserfahrung. Betrachten wir seine **Gefühle und Stärken**: Er ist ängstlich aber auch neugierig und mutig. »Was wäre, wenn ich die Tür aufmache, was würde dann passieren?« Diese Frage dürfte sich Vladi schon oft gestellt haben. Im Traum schließt er diese

Erkenntnislücke und gibt sich selbst eine Antwort. »Wenn du die Tür aufmachst, dann wird – wie Opa schon verkündet hat – etwas Erschreckendes geschehen.« Das Erschreckende erscheint in Vladis Fantasie in der Gestalt des hungrigen Eisbären. Man könnte auch sagen, dass die Fernsehsendung Vladi noch intensiv beschäftigt und ihn im wahrsten Sinne des Wortes verfolgt. In Vladis Alptraum könnten somit verschiedene **Aufforderungen an die Eltern** anklingen, die in etwa lauten würden: »Ihr habt gefälligst auf mich aufzupassen. Ich bin noch zu klein, um ganz alleine zu Hause sein.« – »Nicht alles, was ich im Fernsehen sehe, verstehe ich – kann mir jemand erklären, was ich nicht verstehe und auch sagen, was ich noch nicht sehen sollte?«

> Da Kinder im Vorschulalter vieles noch nicht verstehen und einordnen können, was sie im Fernsehen sehen, sollte ein Erwachsener dabei sein. Noch besser die Kiste einfach auslassen und was Schönes unternehmen. Untersuchungen zeigen, dass hoher Fernsehkonsum bei Kindern mit Übergewicht, geringem Selbstwertgefühl, schlechten Schulleistungen und aggressiven Verhaltensstörungen korreliert.

Weitere Erkenntnisse: Vladis Angst vor dem Alleinsein äußert sich in aller Klarheit in einem Alptraum. Die Eltern erkennen, dass Vladi sich nicht anders zu helfen wusste, als seine Not über einen Traum zum Ausdruck zu bringen. Die Eltern sind jetzt aufgefordert, an der Situation etwas zu verändern. Vielleicht entscheiden sie sich für eine Betreuung von Vladi oder denken darüber nach, wie sie ihren Alltag anders organisieren könnten. Ziel ist es, Vladi nicht mehr sich selbst zu überlassen. Und für das Problem mit der Haustür hatten sie folgende Idee: Sie ermutigen Vladi, die Haustür für jeden neuen Gast selbst zu öffnen. Damit erkennt und lernt er, dass Opas Ängste unbegründet sind.

Wie kann Vladi die Traumerfahrung bewältigen? Für Kinder im Alter von 5 Jahren ist es ratsam, das Traumgeschehen malen zu lassen. Damit bekommt Vladi Macht über die Traumerlebnisse. Wichtig wäre, dass Vladi eine Lösung hinzufügt, die ihm guttut. Da Vladi im Traum nur den Aspekt »Eisbären sind gefährlich« fokussiert, scheint es sinnvoll, Vladi mehr über Eisbären zu erzählen, als er durch die Tiersendung erfahren hat. Damit verliert der Eisbär nach und nach seinen Schrecken, weil er auch mit freundlichen Attributen versehen werden kann.

»Vorsicht Ende« – Rosa (6 Jahre alt) träumt:

Ich bin mit einer Bahn gefahren. Jemand rief: »Vorsicht Ende«. Ich sprang ins Wasser. Im Meer war ein Schiff, zu dem sind wir geschwommen. Da war ein kleiner Hamster. Mia und ich wollten den Hamster streicheln.

Wer ist Rosa? Rosa geht seit einigen Wochen in die Schule. Sie hat sich darauf gefreut, und sie möchte unbedingt eine gute Schülerin sein. Rosa hat zwei jüngere Geschwister. Am liebsten aber spielt sie mit Mia – ihrer Freundin, die sie schon lange vom Kindergarten her kennt. Die beiden bauen draußen Hütten, erleben die spannendsten Abenteuer und vergessen darüber nicht selten die Zeit.

Was geschah an den Tagen vor dem Traum? Rosa und ihre Freundin Mia verpassten nach der Schule ihren Bus. Glücklicherweise hatte ihr Klassenlehrer denselben Weg und nahm die Mädchen in seinem Auto mit nach Hause. Rosa erzählte ihrer Mama sichtlich aufgeregt, dass der Bus immer sehr pünktlich wegfahre und dass man sich richtig beeilen müsse, um ihn nicht zu verpassen. Deshalb wolle sie von nun an morgens früher aufstehen.

Rosa spricht mit ihrer Mutter Linda über den Traum:
Linda: Das war ja ein großes Abenteuer, das du erlebt hast. **(Ermutigen)** Kannst du denn was über

die Bahn erzählen, in der du gefahren bist? Wie sah die denn aus? **(Nach Einzelheiten fragen)**

> Wenn Kinder Träume erzählen, dann klingt dies oft sehr unzusammenhängend und vereinfacht. Dadurch, dass sie viele Details weglassen klingen ihre Geschichten manchmal nicht so interessant und wenig verständlich. Durch das Nachfragen geben Sie dem Kind die Chance, den Traum vollständig zu erinnern, so dass die Erzählungen schließlich zu vollständigen Geschichten werden.

Rosa: Das waren lauter so Wägelchen. Die Bahn sah so ähnlich aus wie die im Kindergarten – nur größer.
Linda: Ach ja – jetzt weiß ich. Du bist doch letzte Woche beim Kindergartenfest mit Julia, deiner liebsten Erzieherin, in einem Wagen gesessen. Ist sie denn auch in der Bahn gesessen, oder warst du ganz alleine? **(Nach Einzelheiten fragen)**
Rosa: Da sind noch andere Kinder mitgefahren. Und Mia saß neben mir. Das Bahnfahren hat richtig Spaß gemacht.
Linda: Wie war das denn genau mit dem »Vorsicht – Ende?« Was hast du in dem Moment gedacht, als du das gehört hast? **(Gedanken erfragen)**
Rosa: Ich wusste, dass man jetzt aufpassen muss, weil jetzt was anderes kommt. Keiner hat gewusst, was jetzt passiert, ich hab richtig Bammel gekriegt. Dann

war da plötzlich das Meer, wo ich geschwommen bin.
Linda: Und die Bahn ist richtig ins Meer gestürzt? **(Klären)**
Rosa: Ja, echt gefährlich, alle sind aus der Bahn ins Wasser gesprungen. Alle mussten – da konnte man nichts machen. Und das Schwimmen war richtig anstrengend. Ich habe nach Luft geschnappt und musste mit den Armen rudern, damit ich nicht untergehe.

> Kinder, die in ihren Träumen schwierige Aufgaben meistern und gelungene Lösungen für ein Problem ersinnen, zeigen damit etwas von ihrer Resilienz. Mit Resilienz ist die innere Stärke und Widerstandskraft gemeint, die wir Menschen brauchen, um auch mit widrigen Lebensumständen fertigzuwerden.

Linda: Aber du hast es geschafft, dich über Wasser zu halten und euch ist gar nichts passiert – Du bist halt doch meine rote Zora – toll! **(Stärken benennen)** Und wenn du jetzt mal nicht an deinen Traum denkst: Gibt es sonst irgendetwas, wo du dich gerade auch ziemlich anstrengen musst, also dich bemühen musst, dass alles gutgeht? **(Brücken ins Wachleben)**
Rosa (zögernd): Nö – weiß nicht …(Pause) Nur manchmal mit dem Busfahren, das ist blöd. Am liebsten würde ich gleich neben der Schule wohnen,

damit ich nicht mit dem Bus fahren muss. Ich habe immer Angst, dass ich ihn verpasse und dann zu spät komme. Ich will nicht zu spät kommen – das ist doof. Oli muss deswegen manchmal nachsitzen, auch weil er Quatsch macht (wirkt aufgeregt). Herr Zang schimpft dann mit ihm, dann muss er auch mal vor die Tür.
Linda: Jetzt verstehe ich auch, warum es dir so wichtig ist, früher aufzustehen, um den Bus rechtzeitig zu erreichen. Du willst auf keinen Fall zu spät in die Schule kommen, damit du keinen Ärger bekommst. **(Spiegeln)**
Linda: … aber im Traum ist alles gutgegangen, du hast ja das Schiff noch rechtzeitig erreicht.
Rosa: Ja, da bin ich ganz schnell hingeschwommen, damit es nicht wieder wegfährt.
Linda: Dann warst du ja richtig sportlich in deinem Traum – toll! **(Stärken benennen)**
Rosa: Und auf dem Schiff, da war der liebe Hamster.

So denkt Linda über Rosas Traum: Das Schiff erreichen und rechtzeitig zum Bus kommen – das könnte irgendwie zusammenhängen. Zu den Bahnwagen ist mir eingefallen, wie Rosa sich beim Abschiedsfest im Kindergarten an ihre Erzieherin gekuschelt hat. Hat sie vielleicht doch ein bisschen Heimweh nach dem Kindergarten, obwohl sie gerne die große Schülerin ist? Vielleicht hat das »Vorsicht Ende« etwas mit dem Ende der Kindergartenzeit zu tun – und jetzt das Strampeln in der Schule. Das ist ja richtig neu für sie und wer weiß, vielleicht fällt es ihr doch nicht so leicht, wie sie immer sagt. Dann das anrührende Bild mit dem Hamster auf dem Schiff – das wirkt fast wie eine Belohnung nach der ganzen Schwimmerei. Ja, und zu Weihnachten hatte sich Rosa einen Hamster gewünscht – das scheint also immer noch aktuell zu sein.

Vergleich von Wachleben und Traum: Rosa genießt im Traum die Bahnfahrt mit den anderen Kindern. Ähnliches erlebt Rosa auch im Wachen, wenn sie mit ihren Freunden spielt. Zuletzt saß Rosa beim Kindergartenfest in einem ähnlichen Fahrzeug wie im Traum. Dort saß sie mit Julia und schien sich rundum wohlzufühlen. Ähnlich wie sie das bei der Bahnfahrt im Traum erlebt hat. Aber dann kommt diese überraschende Wende im Traum. Als jemand »Vorsicht Ende« ruft, verhält sich Rosa so, wie es von ihr und allen anderen erwartet wird. Ob man wollte oder nicht – Vorsicht Ende hieß für alle, den »Sprung ins kalte Wasser« zu wagen. Rosa fiel das nicht leicht. Im Wachleben gibt es dazu folgende Parallelen: Die Schule fordert sie. Sie erkennt, dass nun viel mehr gut gemacht bzw. falsch gemacht werden kann, als sie dies vom Kindergarten her kennt. Da sie sich in der Schule noch unsicher ist, orientiert sie sich am **Verhalten** der Mitschüler. Rosa erkennt zum Beispiel, dass man wie Oli Probleme bekommt, wenn man sich nicht an die Regeln hält. Hier sehen wir deutlich **Rosas Stärken**: Sie kann sich gut disziplinieren und sich einem größeren Ganzen unterordnen. Gibt der Traum auch Aufschluss darüber, **wie Rosa dies selbst empfindet?** Das

Schwimmen im Meer bereitet Rosa große Mühe. Sie muss schwer arbeiten, um nicht unterzugehen. Dieses Gefühl kennt sie vom Busfahren und das mögliche Zuspätkommen in der Schule. Im Meer musste sie aufpassen, nicht unterzugehen und rechtzeitig das Schiff erreichen – im Wachleben muss sie darauf achten, pünktlich zum Bus und in die Schule zu kommen.
Weitere Perspektiven: Linda könnte im Gespräch das Traumbild mit dem Hamster auf dem Schiff noch genauer aufgreifen. Wünscht sich Rosa tatsächlich ein eigenes Haustier? Welches Bedürfnis möchte Sie damit stillen?

Weitere Erkenntnisse: Linda glaubte bisher, dass Rosa die ersten Wochen in der Schule und alles, was damit zusammenhängt, mühelos meistert.

Tatsächlich ist Rosa sehr motiviert und überaus gewissenhaft, was die Schule betrifft. Das Traumgespräch erweitert diesen Blick und Linda erkennt, dass Rosa sich den neuen Herausforderungen zwar erfolgreich stellt, sie das alles aber nicht mit »links« schafft. Rosa hat es ganz und gar nicht leicht, sich »über Wasser zu halten«.

> Suchen Sie nach Wortspielen und Redewendungen aus dem Alltag, die zur Traumerzählung passen. Sie bringen die wesentlichen Traumaussagen auf den Punkt.

Sie hat Angst zu ertrinken, wenn sie in ihren Bemühungen nachlässt. Dieses Traumbild macht Linda eindrucksvoll klar, wie Rosa die neuen Anforderungen tatsächlich erlebt. Sie steht offensichtlich unter einem starken Druck, darf nichts übersehen und gesteht sich keinen Fehler zu. Vor den möglichen Folgen hat Rosa anscheinend große Angst. Linda gelangt zu der Einsicht, dass Rosa die neuen Anforderungen in der Schule als belastend erlebt.

Rosa zeigt ihrer Mutter mit ihrem Traum recht deutlich, was sie sich wünscht: Eine Art »Rettungsboot«, auf dem man sich von den Strapazen der Schule mal ausruhen und entspannen kann. In einem weiteren Schritt wird es aber darum gehen herauszufinden, warum Rosa sich durch die Schule so unter Druck gesetzt fühlt, um sie dann wirksam zu entlasten.

> Eltern haben bestimmte Vorstellungen, Hoffnungen und Erwartungen, wenn ihr Kind in die Schule kommt. Sorgen über mögliche Anpassungsschwierigkeiten übertragen sie ebenso auf ihr Kind wie die positive Erwartung, dass ihr Kind in der neuen Umgebung gut zurechtkommen wird.

Linda könnte mit Rosa regelmäßig über ihre neuen Erfahrungen in der Schule und mit dem Busfahren sprechen. Oft bewirken kleine Veränderungen schon viel: Ein Gespräch mit dem Klassenlehrer oder das Begleiten zur Bushaltestelle. Da aber die ersten Lernerfahrungen für Kinder oft prägend sind, kommt es vor allem darauf an, dass die Eltern bei Rosa eine positive Einstellung zum Lernen in der Schule fördern. Kinder, die sich ohne Angst vor Fehlern und Misserfolgen auf neue Aufgaben einlassen, lernen leichter. Die Angst, etwas falsch zu machen, hemmt hingegen die Lernfreude und bringt Stress in den Schulalltag. Diese Erkenntnis lässt sich in Rosas Familie gut nutzen, indem die Eltern bewusst eine fehlerfreundliche Einstellung pflegen und bestimmte Grundüberzeugungen kultivieren: Jeder darf Fehler machen, das ist nicht schlimm. Fehler sind menschlich. Ohne Fehler kann man nichts lernen. Wenn die Eltern dann auch noch selbst zu ihren Missgeschicken stehen und sich für die Folgen verantwortlich zeigen, kann auch Rosa entspannter an neue Aufgaben herangehen.

Das Klo im Auto (Alptraum) – Friedericke (7 Jahre alt) träumt:

> *Zuerst saß ich im Auto. Das Komische war, im Auto war ein Klo, dann hast du, Mama, gesagt: »So, jetzt reicht's mir«. Dann hast du mich gepackt und in die Toilette gesteckt und runter gespült. Ich habe mich am Klodeckel festgehalten, aber du hast es geschafft, mich runter zu spülen. (Friedericke erwacht entsetzt.)*

Wer ist Friedericke? Friedericke ist das einzige Kind von Petra, einer alleinerziehenden Mutter, die sich beruflich sehr engagiert. Da die Mutter vor einigen Monaten einen neuen Job angenommen hat, mussten sie zusammen in eine andere Stadt ziehen. Die damit verbundenen Umstellungen, und dass Friedericke die alten Freunde verloren hat, belasten Friedericke sehr. Friedericke geht täglich nach der Schule in einen Kinderhort, aus welchem sie die Mutter gegen 17.30 Uhr abholt.

Was geschah an den Tagen vor dem Traum? Friedericke und ihre Mutter Petra haben auf der Fahrt in die Schule heftig gestritten. Da die Mutter ganztags berufstätig ist, müssen die täglichen Pflichten in der knapp bemessenen freien Zeit am Abend unbedingt erledigt werden. Die Mutter achtet darauf, dass Friedericke ihre Aufgaben erfüllt und fordert dies auch konsequent ein. Friedericke sieht sich aber vor lauter Regeln und Anforderungen in ihren Bedürfnissen nicht gesehen. Dies führt öfter zu einem Tauziehen, das die Mutter stets für sich entscheidet.

Friedericke und ihre Mutter Petra sprechen über den Traum:
Petra: Und das hab ich dir angetan? **(Klären)**
Friedericke (vorwurfsvoll): Jaaa, du hast mich das Klo hinunter gespült.
Petra (besorgt): Das ist ja furchtbar, war das nicht schlimm? **(Gefühle erfragen)**
Friedericke: Natürlich war es schlimm, ich hatte

Riesenangst … ich hatte keine Kraft, mich festzuhalten.
Petra: … und das Klo war im Auto? Das ist ja komisch. Wieso war das Klo denn im Auto? (**Klären**)

> Fragen Sie, weshalb sich das Traumgeschehen gerade in dieser Szene darstellt und nicht anders. Also weshalb – wie hier im Traum – der Streit im Auto eskaliert und nicht an einem anderen Ort, wie zum Beispiel in der Wohnung oder im Garten. Das erweitert das Erzählfeld und gibt Ihnen zusätzliche Infos zum Traumverständnis.

Friedericke: Wir streiten uns ja auch immer im Auto, wenn du mal wieder schlechte Laune hast und wir zur Arbeit fahren. Das Schlimmste war (fängt an zu schluchzen), dass es dir egal war, dass du mir wehgetan hast und dass du mich weghaben wolltest.

> Träume übertreiben scheinbar gerne und stellen die Wirklichkeit verzerrt und überspitzt dar. Aber wenn es um die Darstellung der Not, die ein Kind im Wachleben erfährt, geht, scheint jeder Alptraum eine angemessene Interpretation der jeweiligen emotionalen Lage eines Kindes zu sein.

Petra: Aber ich möchte dich doch nicht weghaben. Du gehörst doch zu mir. Sag mal, habe ich denn im Traum gesagt, weshalb ich dich runterspülen wollte? **(Nach Einzelheiten fragen)**
Friedericke (wischt sich die Tränen mit dem Pulli aus den Augen): Nein, du hast glaub ich nur gesagt: »Jetzt reicht's mir.«
Petra: Hast du diesen Satz denn sonst schon mal von mir gehört? **(Brücken ins Wachleben schaffen)**
Friedericke (genervt): Sagst du doch ständig.
Petra: So so – das sag ich also ständig? … Ja, aber ich meine es doch nicht so, mein Schatz.
Friedericke: Wieso können wir denn nicht immer so reden wie jetzt?
Petra: Ja, wieso eigentlich nicht?

So denkt Petra über Friederickes Traum: Mein Gott, weshalb träumt sie denn so ein wirres Zeug? Ich bin doch noch nie so grob zu Friedericke gewesen und geschlagen habe ich sie auch noch nie. Bin ich manchmal vielleicht doch zu fordernd zu ihr? Aber was soll ich denn machen? Wenn ich immer nachgeben würde, dann bekämen wir nichts mehr organisiert und alles würde drunter und drüber gehen. Die Arme, das war sicher ein ganz, ganz furchtbarer Traum.

> Traumbilder lassen sich oft besser verstehen, wenn Sie dazu eigene Assoziationen entwickeln.

Vergleich von Wachleben und Traum: Vergleichen wir zunächst das **Verhalten**. Im Traum streiten sich Friedericke und ihre Mutter. Es ist ein dramatisches Geschehen. Der Traum greift damit die vielen Konflikte zwischen den beiden auf, verweist aber auch auf **Friederickes Stärke,** kämpferisch zu sein und dagegen zu halten. Schließlich musste sie sich aber der Macht der Mutter beugen. Achten wir auf die **Gefühle** von Friedericke im Traum und jene, die im Traumgespräch gegenwärtig waren, dann erkennen wir, dass die Auseinandersetzung das Mädchen stark zu belasten scheint: Sie fühlt sich den Entscheidungen der Mutter ausgeliefert. Im Traum vergleicht Friedericke sich mit etwas, das ins Klo gehört, das schnell weggespült gehört, als etwas, das wenig Beachtung verdient. Sie muss sich wohl im wahrsten Sinne des Wortes wie der letzte Dreck fühlen. Gibt es auch da Entsprechungen im Wachleben? Wir können nur spekulieren. Möglicherweise hat eine kleine unbedachte Äußerung wie zum Beispiel »Ohne dich wäre alles viel einfacher!« und das ständige Tauziehen, bei dem Friedericke immer wieder im Matsch landet, dazu geführt, dass sich ihre Ohnmacht in diesem dramatischen Bild verdichtet. Friedericke weiß zudem, was es bedeutet, abgeschoben zu werden, in diesem Fall, vom Vater verlassen zu werden. Im Wachleben stellt sich das Ganze so dar, dass die Geschwindigkeit, mit der die Mutter ihr Leben und die Beziehung zur Tochter organisiert, Friedericke aus der Kurve trägt. Das Mädchen fühlt sich diesem Lebensstil nicht gewachsen. In Friederickes Traum lässt sich folgende **Aufforderung**

an Petra erkennen: »Mama, du schiebst mich von einer Ecke in die andere. Ich bin dir lästig und am liebsten wäre es dir wohl, wenn ich gar nicht da wäre. Ich bin aber da und ich möchte, dass du mich wie eine richtige Mutter behandelst.«

Weitere Erkenntnisse: Petra bekommt durch die Traumerzählung ganz ungeschminkt einen Spiegel ihres Verhaltens aus der Sicht ihres Kindes vorgehalten. Der Traum zeigt ihr, wie Friedericke die Konflikte mit ihr erlebt und verarbeitet. Der arbeitsintensive Alltag hat Petra bislang den rechten Blick auf Friederickes Seelenleben verwehrt. Der Traum sensibilisiert die Mutter dafür. Im Traumgespräch gelingt es Friedericke, ihre Wut und ihre Enttäuschung in Worte zu packen. Da der Traum hier als Medium oder Vermittler fungiert, fällt das Sprechen über die Probleme zwischen den beiden leichter. Das lässt Petra nicht unbeeindruckt, und sie fühlt sich tatsächlich aufgefordert, etwas im Umgang mit ihrer Tochter zu verändern: Sie möchte sensibler werden für die Bedürfnisse von Friedericke, mehr Zeit mit ihr verbringen und konstruktiver mit ihr streiten – sie auch mal gewinnen lassen.

Aus Scheidungsfamilien weiß man, dass Kinder sich oft die Schuld für den Weggang eines Elternteils zuschreiben. Friedericke hat erfahren, dass so etwas möglich ist. Wieso sollte sie nicht auch von der Mutter verlassen werden? Die Aufgabe von Petra könnte es sein, dieses Vertrauen wieder herzustellen, indem sie ihrer Tochter die Gelegenheit gibt, über die Enttäuschungen und Hoffnungen, die mit so einem einschneidenden Ereignis im Leben eines Kindes verbunden sind, zu sprechen.

Wie kann Friedericke die Traumerfahrung bewältigen? Für ein Kind ist es das Schlimmste auf der Welt, wenn die Eltern es nicht mehr haben möchten, wenn sie es wegschicken oder verlassen. Friedericke erlebt genau das in ihrem Traum. Mehr noch, sie muss erfahren, dass ihre Art des Widerstands nicht erfolgreich ist. An diesem Punkt kann Friederickes Mutter ansetzen. Die Traumerfahrung lässt sich dann bewältigen, wenn es Friedericke in der Vorstellung gelingt, der Mutter Paroli zu bieten. Schauen wir mal, wie sich der Dialog zwischen den beiden weiterentwickelt.

Petra: Stell dir vor, du könntest selbst bestimmen wie der Traum ausgeht. Was würdest du dann machen wollen? **(Gedankenexperiment)**
Friedericke: Dann würde ich wieder aus dem Klo hoch kriechen und dich anschreien, du bist gar keine richtige Mutter, Veras Mutter ist ganz anders.
Petra (genervt): So, so also ganz anders, und kannst du mir mal bitte sagen, was du damit meinst? **(Klären)**
Friedericke: Du weißt, was ich meine, jeden Abend muss ich alleine spielen, damit du telefonieren kannst, mit deinen Freundinnen und ich nicht störe. Das ist aber langweilig. Wenn ich nur einen kleinen Bruder hätte, dann wär alles schön. Und du schimpfst immer

mit mir und immer muss ich machen, was du sagst.
Immer gewinnst du! Ich bin schon ganz ballaballa
(aggressiv). Ich glaube, ich werd verrückt. (Petra
nimmt Friedericke in die Arme.)

Petra ist es nicht leichtgefallen, Friedericke gewähren
zu lassen, als sie wortgewaltig von ihr angegriffen wurde. Sie bleibt defensiv und ermöglicht Friedericke
durch weiteres Nachfragen, die Wut, die sich in ihr angestaut hat, loszulassen und an sie zu adressieren. Petra
macht das ganz richtig, indem sie gelassen bleibt und
sich durch die Äußerungen nicht provozieren lässt.
Friedericke fühlt sich dadurch wertgeschätzt und ernst
genommen, zumal sie dadurch das Gefühl erhält, auch
mal ein Tauziehen zu gewinnen. Die Mutter demonstriert ihre Stärke dadurch, dass sie ruhig bleibt und der
Tochter aufmerksam zuhört. So gewinnen beide.

Der bissige Lux – Julien (8 Jahre alt) träumt:

*Ich und der Joel (Juliens Bruder) wollten
heimlich die Diddl-Sachen von der Anna
anschauen. Da ist auf einmal der Lux (Hund
der Familie) gekommen und wollte mich in
den Hals beißen. Dann hab ich seine Schnauze noch rechtzeitig gepackt. Und dann hat er
mich mit dem Nasenloch in den Zeigefinger
gezwickt. Dann hab ich losgelassen. Dann
war er wieder lieb und ich hab ihn gestreichelt.*

Wer ist Julien? Julien ist ein sanftmütiger und sensibler Junge, eigentlich ein sehr friedfertiges und ausgeglichenes Kind. Er macht seine Sache in der Schule wirklich gut. Die Lehrerinnen sind alle zufrieden mit ihm. Seine Klassenkameraden wollen richtig cool sein. Damit hat Julien Schwierigkeiten. Er ist ganz anders, eher still, verträumt und zurückgezogen. Die Nachmittage verbringt er meistens zu Hause, dann liest und bastelt er gerne.

Was geschah an den Tagen vor dem Traum? Juliens Schwester Theresa (12) hatte Besuch von ihrer gleichaltrigen Freundin Karina. Die Mädchen fühlen sich manchmal durch die beiden Jungs, Julien und Joel, gestört. Da sie älter sind, wollen sie lieber alleine etwas machen. Julien hat das nicht akzeptiert und war ziemlich aufdringlich und neugierig.

Julien und seine Mutter Tanja sprechen über den Traum:
Tanja: Wie, mit dem Nasenloch gezwickt? Das versteh ich nicht, wie soll das gehen? **(Klären).**
Julien: Er konnte mich doch nicht beißen, weil ich seine Schnauze zugehalten habe. Dann hat er halt das Nasenloch benutzt.
Tanja: Zum Glück hast du ihn noch rechtzeitig bei der Schnauze gepackt. **(Spiegeln)** Toll, wie mutig und schnell du reagiert hast. **(Stärken benennen)** Wie ging es dir denn, als der Lux dich beißen wollte? **(Gefühle erfragen)**
Julien: Ich hatte Bammel, weil der sonst nie beißt.

Tanja: Und was hast du so gedacht, als der Lux dich beißen wollte? **(Nach Gedanken fragen)**
Julien: Ich dachte, was hat der liebe Lux denn auf einmal. Dann war es wieder gut. Erst kein so schöner Traum, dann wieder schön.
Tanja: Frag doch mal den Lux, weshalb er so bissig war? **(Mit den Traumfiguren ins Gespräch kommen)**

> Kinder projizieren in ihren Träumen ihre Stimmungen und Gefühle gerne auf Tiere. Ist ein Hund im Traum aggressiv, kann das ein Hinweis darauf sein, dass das Kind sich selbst als aggressiv erlebt oder auch Schwierigkeiten damit hat, Aggressionen auszudrücken.

Julien: Ach, dieses Spiel schon wieder! Lux, wieso warst du denn bös zu mir?
Tanja: ... und jetzt ist Lux dran. **(Stellvertretend für die Traumfigur antworten lassen)**
Lux: Wuff, Wuff, Wuff ... Darfst halt nix heimlich machen, weißt doch, dass die Diddl-Sachen der Anna gehören.
Tanja: Sag mal, du magst doch keine Diddl-Sachen. **(Brücken ins Wachleben schaffen)**
Julien: Nö, ist doch was für Mädchen.
Tanja: Du hättest aber gerne mit Theresa und Karina gespielt? **(Wünsche benennen)**.
Julien: Ja, aber die lassen mich ja nie.

So denkt Tanja über Juliens Traum: Na ja, gestern hat er die Mädchen geärgert. Ich hab dann mit ihm geschimpft. Das hat ihn wohl im Traum nochmal beschäftigt. Bin ich vielleicht manchmal zu streng mit ihm?

Vergleich von Wachleben und Traum: Schauen wir auf das **Verhalten** der Figuren im Traum, nämlich auf Lux, den Hund, und Julien. Lux ist in Wirklichkeit ein äußerst friedfertiges Tier, das niemals beißen würde – ja man kann sogar Ähnlichkeiten zwischen dem Hund und Julien feststellen. Beide sind friedlich und gutmütig. Doch im Traum ist der Hund plötzlich bissig und unberechenbar. Und weil sich diese Verhaltensweise im Traum so grundsätzlich vom Wachzustand unterscheidet, liegt es nahe, dass Julien den Hund im Traum stellvertretend für sich selbst aggressiv werden lässt. Für Julien ist es normalerweise ein **Problem,** ärgerlich oder böse zu werden. In seinem Vorgehen am Vortag scheint also eine gehörige Portion Ärger enthalten gewesen zu sein, denn sonst hätte ihn diese Situation nicht im Traum nochmals beschäftigt. Interessant ist, welche **Lösungen** Julien im Traum entwirft, um mit seinen aggressiven Impulsen umzugehen. Lux wirkt im Traum anfangs äußerst gefährlich, denn er will Julien in den Hals beißen, was lebensgefährliche Folgen haben kann. Übrig bleibt aber nur ein harmloses Zwicken mit dem Nasenloch. Diese Traumszene zeigt eindrucksvoll, dass Julien aggressive Gefühle offensichtlich als Bedrohung wahrnimmt. Sie können großen Schaden anrichten, wenn man ihnen freien Lauf lässt.

Seine **Lösungsidee** ist daher, sich vor Gefühlen wie Ärger und Wut in Acht zu nehmen und sie im Zaum zu halten. Wir entdecken darin Juliens **Stärken:** Er hat für sein Alter ein beachtliches Maß an Selbstkontrolle entwickelt, und er ist fähig, seinen Hund verantwortungsvoll zu führen. Das sieht man daran, dass er im Traum rasch reagiert und das Tier in seine Schranken verweist, als es zubeißen will. Gibt es noch **weitere Perspektiven,** auf die der Traum aufmerksam macht? Das, was Julien im Traum heimlich tut, nämlich Kontakt mit den Mädchen aufnehmen, machte er am Tag davor ganz ohne Scheu und sogar aufdringlich. Eigentlich verheimlichen wir nur dann etwas, wenn wir wissen, dass wir mit unserem Verhalten eine Regel übertreten oder etwas Verbotenes tun. Es sieht ganz so aus, als meldete sich Juliens Gewissen im Traum, das da sagt: »Du hast ein Verbot missachtet!« oder: »Du hast dich danebenbenommen.« Doch was genau verbietet sich Julien? Die Heimlichkeit, mit der Julien zu Beginn des Traums zu Werke geht, könnte auch mit seiner Neugier für die Mädchen zu tun haben. Im Traum geht es ja darum, mädchentypische Interessen – die Diddl-Sachen – aufzuspüren. Julien scheint an einem Geheimnis zu rühren, das ihn sehr beschäftigt – vielleicht ist es die erwachende Sexualität der älteren Schwester.

Weitere Erkenntnisse: Auf die Frage von Tanja, ob sie vielleicht manchmal zu streng mit Julien ist, können wir sagen, dass Aggressionen zum Menschsein gehören und keinesfalls immer destruktiv sind. Ohne eine gesunde Portion Durchsetzungswille könnten wir in vielen bedrohlichen Situationen nicht bestehen. Erfahren Kinder, dass Streit und Konflikte möglichst vermieden werden sollten, dass Wut und Ärger schlecht und zerstörerisch sind, kann das ihre gesunde soziale und emotionale Entwicklung gefährden: Kinder erleben sich dann als hilflos und minderwertig, richten manchmal ihre Wut gegen Schwächere oder entwickeln psychische und somatische Störungen. Auch wenn unter Geschwistern mal die Fetzen fliegen, böse Schimpfworte fallen oder Tränen fließen, sollten Eltern gelassen bleiben und nicht vorschnell versuchen, die »Fronten zu klären«. Kinder balgen, raufen und foppen sich vielfach einfach deswegen, weil sie ihre Kräfte messen, Grenzen erfahren oder mächtig sein wollen. Sie üben sozusagen für den Ernstfall und lernen dadurch, sich zu behaupten.

Wie kann Julien die Traumerfahrung bewältigen? Um zu erfahren, was sich genau hinter dem aggressiven Verhalten des Hundes verbirgt, bietet es sich an, Julien zu einem **Rollenspiel** einzuladen: Er soll in die Haut des Hundes schlüpfen. Julien wird so erfahren, wie es sich anfühlt, aggressive Impulse auszuagieren

> Wenn Kinder die anwesenden Traumfiguren spielen, erfährt man oft, welche Stärken sie gerade integrieren möchten. Das fördert auch die Fähigkeit, sich in die Lage anderer zu versetzen.

Schauen wir mal, wie sich das Rollenspiel entwickelt:

Tanja: Kannst du dir vorstellen Lux zu spielen? Und zwar in dem Moment, als er versucht, dir in den Hals zu beißen. Dieser Stoffbär könnte ja deine Rolle im Traum übernehmen. Aber er darf sich nicht wehren. **(Projektionen auflösen)**
Julien (erstaunt)**:** Ich soll also dem Stoffbär in den Hals beißen?
Während Julien versucht den Bären anzugreifen, ermuntert ihn die Mutter dazu, seine Aktionen zu kommentieren.
Julien: Du böses Tier du, ich mache dich fertig. Hmmm, das tut dir wohl weh, wenn ich dir in den Hals beiße. Selbst schuld, tust mir ja auch ständig weh. Julien beißt, knurrt und fletscht noch eine ganze Weile mit den Zähnen. Es scheint ihm Spaß zu machen, hündische Aggressionen auszuagieren und eine imaginäre Gestalt zu ärgern und zu quälen.
Tanja: Gab es in letzter Zeit Momente, in denen du gerne mal so bissig sein wolltest wie Lux in deinem Traum? Gibt es jemanden, den du gerne beißen möchtest? **(Brücken ins Wachleben)**
Julien: Gestern hätte ich am liebsten die Mona gehauen, weil die mich nirgends mehr dabeihaben will und du schimpfst dann auch immer mit mir. Jeder verbietet mir hier was und ich darf dann nicht mal böse darüber sein. Dabei ist es die Mona, mit der du mal schimpfen solltest.

Die Spinnenflüsterin – Charlotte (8 Jahre alt) träumt:

Ich hab in einem Theater gespielt und da sollte ich immer mit dem Zeigefinger wackeln, und dann war da immer eine Spinne, die hat eine Schnur runtergelassen. Die hat sich um meinen Finger gewickelt und die Spinne hat ihn hoch gezogen, so dass ich nicht damit wackeln konnte. Das war für mich total schrecklich.

Wer ist Charlotte? Charlotte ist ein hilfsbereites, selbstbewusstes und schlaues Mädchen, das anderen auch zeigen möchte: Ich kann was, ich bin außergewöhnlich. In Gruppen mit gleichaltrigen Kindern übernimmt sie gerne eine Führungsrolle.

Was geschah an den Tagen vor dem Traum? Charlotte hat bei einem Krippenspiel mitgewirkt und spielte dabei die Hauptrolle. Weil einige Mitspieler den Text vergessen hatten, tat sie sich zusätzlich als Souffleuse hervor.

Charlotte und ihr Vater Matthias sprechen über den Traum:
Matthias: Was war das für eine Spinne? (**Nach Einzelheiten fragen**)
Charlotte: Die war so groß wie ein Teller, die hat da oben gehangen (zeigt an die Decke) und ich hab mich voll geekelt. (Schüttelt sich.)

> Die Angst vor Spinnen aber auch vor Schlangen ist viel mehr verbreitet als die Angst vor anderen Objekten. Wir sind in dieser Hinsicht evolutionär vorbelastet. Dies ist sinnvoll, denn Spinnen und Schlangen könnten gefährlich sein. Auch wenn wir uns nicht vor Schlangen oder Spinnen fürchten sollten, bleiben diese Tiere bevorzugte Projektionsflächen für unsere Ängste in unseren Träumen.

Matthias: Und die Spinne hat also den Faden um deinen Finger gewickelt und dann den Finger hoch gehoben? **(Klären)**
Charlotte (frustriert): Ja, so, dass ich ihn ausstrecken musste, ich musste ja damit wackeln, das war für mich total schrecklich.
Matthias: Gruselst du dich normalerweise auch vor Spinnen? **(Gefühle ansprechen – Brücken zum Wachleben schaffen)**
Charlotte (entspannt): Es geht so.
Matthias: Ja stimmt, du quiekst nicht gleich so wie die Mama, wenn sie eine Spinne sieht. **(Stärken benennen)**
Charlotte: Also wenn die Spinne so groß ist wie im Traum, da hab ich dann schon Angst, aber wenn es so kleinere sind, dann nicht.
Matthias: Und was ging dir da so durch den Kopf, als die Spinne dich überrascht hat? **(Gedanken erfragen)**
Charlotte: Die Spinne hat ja nicht zum Theater-

stück gehört. Deswegen hab ich mich ja so gewundert und die anderen haben sich auch gewundert, was ich da mache. Dann bin ich fast total ausgeflippt – die blöde Spinne wollte einfach nicht, dass ich gut spiele.
Matthias: Dann hast du vom Krippenspiel am Sonntag geträumt? **(Brücken zum Wachleben schaffen)**
Charlotte: Ja genau. Das war richtig zum wütend werden, wie die Mama immer sagt.
Matthias: Kennst du das mit dem Finger wackeln auch aus dem Wachleben? **(Brücken zum Wachleben schaffen)**
Charlotte: Wenn ich nervös bin, dann wackle ich manchmal mit dem Finger. So ähnlich wie im Traum. (Zeigt ihrem Vater wie das geht.) Machst du das auch?
Matthias: Ja, das mache ich auch. Das beruhigt irgendwie. Kennst du das: Jemanden um den Finger wickeln. Das erinnert mich ein wenig an die Spinne in deinem Traum. **(Eigene Assoziationen einbringen)**
Charlotte: Ja, das kenn ich, das sagt man, wenn man die Chefin ist und der andere macht, was ich will.
Matthias: So wie die Spinne, da musst du ja auch machen, was die will.
Charlotte (lacht): Ja, das stimmt.
Matthias: Stell dir mal vor, die Spinne könnte mit dir sprechen. Was würde sie dann zu dir sagen wollen? **(Gedankenexperiment – Stellvertretend für die Traumfigur antworten lassen)**

Charlotte (grinst): Sie hätte sich wahrscheinlich über mich lustig gemacht.
Matthias: Versuch mal für die Spinne zu sprechen. Du kannst dich ja gut in andere hineinversetzen. **(Ermutigen)**
Charlotte: (Breitet die Arme aus, um der Spinne eine Gestalt zu verleihen, krabbelt dabei auf den Vater zu.) HAHAHAHA, Charlotte, du stellst dich vielleicht dämlich an, kannst nicht mal richtig mit dem Finger wackeln! HAHAHAHAHA.
Matthias: Und beim Krippenspiel – hast du das auch so empfunden? Dass die Leute sich über dich lustig gemacht haben könnten? **(Brücken zum Wachleben schaffen)**
Charlotte: Ja, mein Problem ist es meistens, wenn so viele Leute da sind. Man steht halt voll unter Druck. (Schaut besorgt.)
Matthias: Was würdest du denn zur Spinne sagen wollen? **(Mit den Traumfiguren ins Gespräch kommen)**
Charlotte: Hey, hau ab Spinne, husch husch husch in deine Ecke, und lass mich gefälligst in Ruhe. Ich würde sie aber nicht umbringen wollen, sie soll nur weg. Dann hätte ich mir vorstellen können, dass sie sich bei mir bedankt, weil ich doch ihr Leben gerettet habe.
Matthias: Dann sprichst du tatsächlich mit Spinnen. Du bist ja eine Spinnenflüsterin. Und obendrein eine, die es auch gut mit anderen Tieren meint. Hast Mama sogar schon mal die Fliegenklatsche versteckt, damit die Fliegen weiterleben dürfen. **(Stärken benennen)**

Charlotte: Ja, Fliegen wollen es doch auch gut haben.
Matthias: Aber zurück zu deiner Spinne, konntest du sie wirklich verjagen? Hat sie auf dich gehört?
Charlotte (stolz)**:** Oh, jaaa. Sie ist wieder zurück an ihren Platz und hat mich dann in Ruhe gelassen.

So denkt Matthias über Charlottes Traum: Charlotte hatte offensichtlich wesentlich mehr Angst, als sie noch vor dem Krippenspiel zugeben wollte. Eigentlich ist sie ja sehr selbstbewusst, und sie konnte auch ihren Text ganz gut auswendig. Obwohl wir ihr das locker zugetraut haben, war das dann wohl doch nicht so einfach für sie. Wäre aber wirklich nicht so schlimm, wenn sie da mal einen kleinen Fehler macht. Aber Charlotte will schon mit ihren 8 Jahren richtig perfekt sein. Das hat sie von Karin (Mama). Bei ihr muss auch immer alles stimmen.

Vergleich von Wachleben und Traum: Im realen Krippenspiel spielte Charlotte sehr souverän und übernahm auch die Verantwortung für die anderen Kinder. Sie konnte ihren Text und den Text ihrer Mitspieler. Im Traum hingegen zeigte sich eine verkehrte Welt: Charlotte war es, die das Krippenspiel in Gefahr brachte, und die anderen Kinder waren erstaunt und ärgerten sich über Charlottes Missgeschick.

> Im Traum handeln und empfinden Kinder und Erwachsene ganz ähnlich wie im Wachen. Sollten dennoch Unterschiede erkennbar sein, dann sind dies meist neue Perspektiven, die dem Wachbewusstsein fremd sind oder verdrängt werden, zum Beispiel: Ängste, die wir uns im Wachen nicht eingestehen wollen.

Wie passen diese unterschiedlichen Drehbücher von Traum und Wachleben zusammen? Während uns das Krippenspiel zeigte, was für alle sichtbar war:

Charlotte war die Chefin auf der Bühne, gewährt uns der Traum einen tiefen Einblick in das Seelenleben des Mädchens während des Spielens:

Sie fühlte sich unsicher und hatte Lampenfieber. Somit ergänzen sich Traum und Wirklichkeit aufs Beste, bilden Charlotte in ihrem ganzen Wesen ab. Im Traum diente die Spinne als Projektionsfläche für ihre **Gefühle**. Als hätte Charlotte ihre Angst an die Wand gehängt, um von dieser unbehelligt zu bleiben. Sie bemerkt aber, dass diese unguten Gefühle während des Spielens wieder zu ihr zurückkehren. Und mit ihrem Traum macht Charlotte die Eltern auf dieses **Problem** aufmerksam und signalisiert ihnen: »Schaut mal, beim Theaterstück war nicht nur alles so gut, wie ihr geglaubt habt. Ich hatte auch schreckliches Lampenfieber.« Der Traum bietet keine **Lösungen** an, deswegen ist es sinnvoll, dass Matthias Charlotte auffordert, mit der Spinne ein Gespräch zu beginnen. Charlotte versöhnt sich dabei mit der Spinne und löst somit die Angstprojektionen auf. Das bedeutet, dass Charlotte sich diese Ängste eingesteht und nun offen darüber sprechen kann, anstatt sie zu verbergen.

Weitere Erkenntnisse: Eltern wünschen sich natürlich, dass ihre Kinder Herausforderungen souverän meistern. Jede schwierige Aufgabe führt Kinder aber auch an Grenzen – und das kann Angst machen. Der Umgang mit Ängsten will gelernt sein. Eine Möglichkeit wäre, die Besonderheit der Herausforderung herauszustellen. Je konkreter ein Lob ist, desto eher erreicht es den Betreffenden. Matthias zum Beispiel erzählt Charlotte von seinen eigenen Kindheitserfahrungen: »Also, als ich so alt war wie du, hätte ich mir in die Hosen gemacht, in der Kirche vor so vielen Menschen aufzutreten – das war ganz toll. Man hat dir gar nicht angemerkt, dass du auch nervös warst. Aber das ist ja auch erlaubt, bei so einem großen Auftritt nervös zu sein.« Die Herausforderung, die mit Angst verbunden war, gilt es genau zu benennen. Erst dann können wir etwas dagegen unternehmen. Ansonsten bleiben Ängste diffus und wir fühlen uns ihnen ausgeliefert.

Die Mauer (Alptraum) – Hans (9 Jahre alt) träumt:

Ich bin gerannt, über einen Platz. Irgendjemand hat mich verfolgt. Ich konnte aber nicht sehen, wer es war. Ständig habe ich jemanden laut schreien gehört. Das war so scheußlich. Dann war die Mauer und es ging nicht weiter, und ich wusste nicht, was ich machen sollte. Dann kamen die bösen Stimmen immer näher. Es waren Menschen mit Masken, wie von der Fastnacht. Die sind um mich herum geschlichen und haben mich laut angebrüllt. Dann sind sie näher und näher gekommen. Ich wäre fast gestorben vor Angst.

Wer ist Hans? Hans ist ein sehr freundlicher und großzügiger Junge. Er ist übergewichtig und deswegen im Fußball seinen Kameraden meist unterlegen. Es fällt ihm schwer, Freunde zu gewinnen, weil er schüchtern ist und sich eigentlich auch alleine ganz gut beschäftigen kann. Mit seinem Vater spielt er gerne oder baut Drachen, ein Hobby, das Franz leidenschaftlich verfolgt. Hans ist begeistert über die großen Segler, mit denen er manchmal – wenn der Wind stark genug ist und der Papa dabei steht – sogar selbst abhebt.

Was geschah an den Tagen vor dem Traum? Seiner Mutter erzählt er schluchzend kurz vor dem Schlafengehen, dass er nicht mehr in die Schule gehen möchte. Er fühlt sich dort nicht wohl. Auf die Frage, weshalb er zu Hause bleiben möchte, antwortet Hans: »Weiß nicht.« Die Mutter hakt nochmals vorsichtig nach, aber Hans ist total verstockt und sagt nur: »Nichts, ich geh da halt nicht mehr hin!« Die Mutter erzählt dem Vater Franz noch am gleichen Abend davon.

Hans und sein Vater Franz sprechen über den Traum:
Hans (verstört): Papa, ich hatte heute einen ganz üblen Traum. Ich bin sogar aufgewacht und konnte dann nicht mehr einschlafen.
Franz: Ja, was hast du denn Scheußliches geträumt? **(Ermutigen)**
Hans erzählt seinem Vater den Traum.
Franz: Kennst du den Platz von irgendwoher oder kannst du den genauer beschreiben? **(Nach Einzelheiten fragen)**
Hans: Den Platz hab ich noch nie gesehen, aber die Mauer war aus Stein, so wie die Steinmauer in unserer Schule. Da geht es auch nicht weiter. Du weißt ja, um die ganze Schule ist eine Mauer. Im Traum war das so ähnlich.
Franz: Also die Mauer erinnert dich an die Schule. **(Spiegeln)** Kennst du die Gestalten auch aus der Schule? **(Brücken ins Wachleben)**

> In Träumen, in denen wir verfolgt werden, geht es um ein Problem, dem wir uns im Wachen nicht zuwenden können oder wollen. Sich dem

> Verfolger zu stellen, ist vermeintlich schlimmer, als davonzulaufen. Ziel des Traumgesprächs wäre, sich mit den Peinigern zu konfrontieren, das Problem, das damit verbunden ist, zu benennen und Lösungen zu erarbeiten.

Hans: Nein, das waren einfach nur böse Menschen.
Franz: Was hättest du dir denn in diesem Moment gewünscht? (**Wünsche benennen lassen**)
Hans: Dass die mich halt in Ruhe lassen.
Franz: Also dein Problem war, dass du keine Möglichkeit sahst, zu fliehen oder Hilfe zu holen. Es war auch niemand in der Nähe, den du rufen konntest. (**Problem benennen**)
Hans: Ja, ganz richtig. Gut, dass ich aufgewacht bin, sonst wäre ich jetzt tot.
Franz (lacht): Ja, ein Glück bist du aufgewacht!
Hans (lacht): Ja, gut so, sonst könnten wir ja keine Drachen mehr basteln.
Franz: Was hätte denn passieren müssen, damit es dir leichter gefallen wäre, aus dieser Situation wieder herauszukommen? (**Lösungen anregen**)
Hans: Wenn ich eine Laserpistole gehabt hätte, dann wären die bestimmt abgezogen. Dann hätten die mich nicht mehr geärgert.
Franz: Gibt es denn momentan jemand, der dich ärgert, in der Schule oder im Fußball? (**Brücken ins Wachleben**)

Hans: In der Schule der Fritz und die anderen. Die ärgern mich ständig und schlagen mich, obwohl ich denen nichts getan habe. Schau mal hier ... (zeigt dem Vater einige Schrammen am Unterarm).
Franz: Wie ist denn das passiert? **(Klären)**
Hans: Ich gehe nicht mehr in die Schule – die sind so böse zu mir!

So denkt Franz über Hans' Traum: Er möchte einfach nicht mehr erzählen. Aber immerhin sind wir schon einen Schritt weiter. Hans scheint sich mächtig bedroht zu fühlen. Irgendwas läuft da in der Schule gewaltig verkehrt. Da muss sich was ändern, sonst geht das nicht gut aus. Hans weiß sich offensichtlich nicht mehr zu helfen. Jetzt müssen wir ihm helfen.

Vergleich von Wachleben und Traum: Hans wird von seinem Vater als defensiv und nachgiebig beschrieben. Dies zeigt sich auch im Traum: Obwohl er weiß, dass er gleich in der Falle sitzt, rennt er weiter auf die Mauer zu. Er vermeidet es nahezu, einen Ausweg zu suchen. Franz wird deutlich, dass Hans Alternativen fehlen zu seinem defensiven **Verhalten**. Betrachten wir die **Traumfiguren**, dann sehen wir, dass Hans nicht seinen realen Mitschülern begegnet, sondern unkenntlichen, maskierten, ängstigenden Fratzen, die er von der Fastnacht kennt. In den furchterregenden Gesichtern spiegelt sich das aggressive Verhalten seiner Klassenkameraden. Die Maskierung gibt dem bedrohlichen Charakter des Mobbings eine besonders gruselige Note, die der tiefen Not, die Hans empfindet, den passenden Ausdruck verleiht. Es wird deutlich, dass die Ängste Hans fest im Griff haben, ja, dass er seinen Ängsten hilflos und schutzlos ausgeliefert ist. Er wünscht sich, dass Fritz und die anderen ihn in Ruhe lassen. Hans fehlt es an Strategien mit aufdringlichen, mobbenden Klassenkameraden umzugehen.

Weitere Erkenntnisse: Der Traum zeigt den Eltern, dass Hans in einer Sackgasse steckt. Sein Schulalltag ist durch die Übergriffe seiner Mitschüler extrem belastet. Am liebsten würde er gar nicht mehr in die Schule gehen. Das Problem, über das Hans immer nur recht zögerlich gesprochen hat, scheint sich zu verschärfen. Wahrscheinlich ist das Mobbing auch ein Grund, weshalb seine Noten merklich nachgelassen haben. Den Eltern wird klar, dass sie jetzt etwas unternehmen müssen.

Es ist wichtig, dass Kinder, die gemobbt werden, mit dieser Situation nicht alleingelassen werden, denn das Problem lässt sich nur zusammen angehen. Wird nichts gegen das Mobbing unternommen, wird es sich verschlimmern. Es ist nun die Aufgabe der Eltern, auf die Situation hinzuweisen und das Gespräch mit dem Klassenlehrer oder der Schulleitung zu suchen. Sinnvoll wäre es, gemeinsam Lösungen zu erarbeiten, wie sich das soziale Klima in der Klasse verbessern lässt und wie die Mobbingattacken zukünftig vom Klassenlehrer besprochen, rechtzeitig erkannt und unterbunden werden können. Hans selbst könnte mit Unterstützung der Eltern versuchen, sein Normalgewicht zu erreichen. Dadurch könnte er selbstbewusster werden und seine Opferrolle leichter verlassen.

Wie kann Hans die Traumerfahrung bewältigen? Franz hat Hans dazu ermutigt, sich in der Fantasie eine Lösung für das Dilemma im Traum zu überlegen: Hans stellt sich vor, er hätte einen Schutzengeldrachen, der ihn aus der misslichen Situation befreit. Einen Schutzengeldrachen, der über ihm schwebt und ihm ein Seil zuwirft. Er braucht nur das eine Ende des Seils zu packen, um sich nach oben ziehen zu lassen. Eine andere Möglichkeit wäre, Hans aktiv werden zu lassen. Mit ihm zusammen Strategien zu erarbeiten, die auf die Hilfe von außen verzichten. Im Traumgespräch spricht er von einer Laserpistole, mit der er die anderen bedrohen könnte. Hans wünscht sich somit eine Waffe im Kampf gegen seine Peiniger. Ein Gerät bzw. eine Methode, mit der er sich die bösen Jungs vom Leib halten kann. Diese könnte so aussehen, dass er lernt, sich selbstbewusst von solchen Attacken abzugrenzen und übt, in solchen Momenten ruhig zu bleiben. Dadurch kann er den anderen signalisieren: »Stopp, ich möchte das nicht!«, was er auch durch seine Körperhaltung deutlich zeigen kann. Dieses Verhaltenstraining, das Franz mit Hans durchführt, ist notwendig, um Hans das nötige Rüstzeug und das Selbstbewusstsein zu vermitteln: »Ja, ich kann solche Situationen meistern. Ich weiß wie, ich habe es gelernt.«

Der Gorilla (Alptraum) – Claudio (9 Jahre alt) träumt:

Mit Hendrik bin ich im Dschungel. Wir spielen mit anderen aus der Schule. Dann verlier ich den Hendrik. Da kommt ein Affe. Der hat so was wie eine große Gabel und lange Hörner und Vampirzähne.

Wer ist Claudio? Claudio ist witzig, dabei aber auch sensibel. Er kann sich sehr gut in andere Menschen einfühlen und über sich und seine Gefühle sprechen. Doch Claudio hat ein großes Problem: In der Schule fällt er durch unangemessenes Verhalten auf. Er ist in Streitereien verwickelt, stört den Unterricht und lässt sich leicht von Mitschülern ablenken. Das führt dazu, dass er von seinen Lehrern immer wieder ermahnt und bestraft wird. Claudio fühlt sich dabei häufig ungerecht behandelt, was ihn enttäuscht und wütend macht. Er ist in einen Teufelskreis von Störungen und Strafen geraten, aus dem er sich bisher weder selbst noch mit Hilfe seiner Lehrer und Eltern befreien konnte. Im Laufe der letzten Jahre ist Claudio stark übergewichtig geworden. Seine Mutter erzählt, dass Claudio dick geworden ist, als die Probleme in der Schule begonnen hatten.

Was geschah an den Tagen vor dem Traum? Claudio geht in die vierte Klasse einer Grundschule. Er hat sein Halbjahreszeugnis bekommen. Seine Leistungen waren so schlecht, dass seine Versetzung gefährdet ist. Daraufhin empfahl die Klassenlehrerin Claudios Mutter den Besuch einer Förderschule. Dort könne Claudio individuell gefördert und intensiv betreut werden, was in der Regelschule nicht möglich ist.

Claudio und seine Mutter Antonia sprechen über den Traum:
Antonia: Warst du alleine, als der Affe aufgetaucht ist? **(Details erfragen)**
Claudio: Ja, Hendrik ist dann weg. Dann kam der Affe, und auf den Armen war alles voll Blut. Keiner hat mir geholfen. Die Gabel hat drei Zähne, damit hat mich der Affe aufgespießt. Der Traum kommt immer wieder. Das war nicht das erste Mal. Einmal hat er mich gebissen mit den Zähnen wie vom Vampir. (Macht eine Zeichnung von den Vampirzähnen.) Dann hat er mich getötet.(Erregt)
Antonia: Sind die Träume immer gleich? **(Klären)**
Claudio: Nein, nicht immer. Manchmal renn ich weg und der Affe kriegt mich nicht. Manchmal aber tötet er mich, mit seinen Hörnern spießt er mich auf. Und einmal habe ich den Affen auch getötet, aber er stand wieder auf und dann sah der Affe noch gruseliger aus. (Schaut angeekelt)
Antonia: Du konntest ihn also noch nie besiegen? **(Verhalten erfragen)**
Claudio: Nein, der Affe gewinnt immer. Keiner konnte ihn je besiegen und keiner konnte mir helfen. Manchmal benutze ich auch einen Trick. Dann kneife ich die Augen im Traum ganz fest zusammen und dann wach ich auf. (Stolz)

In luziden Träumen sind wir uns bewusst, dass wir träumen. In solch einem anderen Bewusstseinszustand können wir unsere Traumbilder selbst gestalten, uns zum Beispiel selbst ausdenken, über welche Landschaft wir fliegen möchten. Das luzide Träumen ist sehr schwer zu erlernen, doch manchmal stellt sich dieser »doppelte Zustand« von ganz alleine ein. Paul Tholey beschreibt in seinem Buch *Schöpferisch Träumen* eine Technik, die es ermöglicht, aus luziden Träumen zu erwachen: Die Blickfixationstechnik. »Man sucht sich einen Gegenstand oder Punkt in der Traumumgebung und richtet seinen Blick darauf. Innerhalb von zwei bis zehn Sekunden wacht man auf.«[8] Claudio macht in seinem Traum intuitiv etwas ganz Ähnliches, um einen Ausweg aus seinem Alptraum zu finden.

Antonia: Das ist ja ganz toll, wie schlau du bist, dann hast du schließlich eine Möglichkeit gefunden, dem Affen zu entwischen. (**Stärken benennen**) Spricht denn der Affe mit dir? (**Auf die Traumfiguren achten**)
Claudio: Nein, wie ein Affe eben macht, seine Stimme klang gemein, wie eine Teufelsstimme. Affen benehmen sich so gemein und fies. (Enttäuscht)

---

8 Tholey, Paul; Utecht, Kaleb: Schöpferisch Träumen. Der Klartraum als Lebenshilfe. Frankfurt am Main 2000: Klotz. S. 60.

Antonia: Kennst du denn jemanden, der sich auch so gemein und fies benimmt? **(Brücken ins Wachleben schaffen)**
Claudio (nach einer kleinen Pause): … ja, Frau Steinhardt. Sie hat auch so eine Teufelsstimme und die Haare sind so wie beim Affen. (Überrascht)
Antonia: Du meinst Frau Steinhardt, deine Lehrerin. **(Klären)**
Claudio: Ja, meine Lehrerin. Das Gesicht von Frau Steinhardt ist wie das Gesicht von einem Monster und sie bewegt sich wie ein Gorilla. Ich bekomme ein dummes Gefühl von Angst, wenn ich Frau Steinhardt sehe. Auch Hendrik hat Angst vor ihr.
Antonia: Was glaubst du denn, weshalb hast du so viel Angst vor Frau Steinhardt? **(Gefühle ansprechen – Brücken ins Wachleben)**
Claudio: Gestern musste ich vor die Tür, weil ich gestört hab. Als ich wieder zurück durfte, hat sie gesagt, dass sie mich gar nicht vermisst hat. Das ist gemein! Sie interessiert sich nicht für das Wohl der Kinder.
Antonia: Hast du schon mal was zu ihr gesagt wegen deiner Angst? **(Brücken ins Wachleben schaffen)**
Claudio: Lieber habe ich schlimme Träume als mich zu blamieren. Sowieso lehnt sie den Kontakt mit mir ab. Manchmal entschuldige ich mich auch, wenn ich was Schlimmes gemacht habe. Ich will es ja eigentlich gar nicht. Aber dann ist es wieder so, dass ich meine Wut nicht kontrollieren kann. Es ist, als würde die Wut mich kontrollieren.

So denkt Antonia über Claudios Traum: Wie viel Angst muss Claudio vor dieser Lehrerin haben, wenn er sie so in seinen Träumen darstellt. Der Vergleich ist wenig charmant, aber schließlich ist diese gute Frau ja ziemlich dick und sie bewegt sich wirklich ganz schwerfällig, ja wie ein Gorilla. Erstaunlich, wie passend Träume sein können. Und Claudio macht mir so viel Sorgen. Er tut sich seit der ersten Klasse schwer mit der Schule und dem Lernen. Immer diese Kämpfe. Wenn er sich nur besser konzentrieren könnte. Lediglich von seiner Klassenlehrerin erhält er Unterstützung, sonst steht er ganz alleine da. Alle halten Claudio für den Aggressiven, aber der Traum zeigt doch, dass er eigentlich das Opfer ist. Er kann sich nicht gegen diesen übermächtigen Affen behaupten. Und auch in der Schule ist es nicht viel anders, denn keiner unterstützt ihn, da muss man sich doch hilflos fühlen. Die Atmosphäre in der Schule ist schon so vergiftet. Hat er dort überhaupt noch eine Chance oder sollte ich ihn besser gleich in einer anderen Schule anmelden?

Vergleich von Wachleben und Traum: Claudio **verhält** sich gegenüber dem Affen im Traum und der Lehrerin in der Schule sehr defensiv. Im Traum ist er überfordert mit dieser lebensbedrohlichen Situation. Er rennt vor der Gefahr weg und wenn er sich ihr stellt, kommt sie mit gesteigerter Härte zu ihm zurück. Was Claudio auch tut, er ist nicht erfolgreich. Ähnliche Niederlagen erlebt er auch in der Schule. Was es für Claudio bedeutet, im Kampf gegen übermächtige Kräfte immer und immer wieder der Unterlegene zu sein und nichts dagegen tun zu können, zeigt sein Traum: Aufgespießt von den Hörnern eines Monsters, von Vampirzähnen brutal in den Hals gebissen oder vom Dreizack erstochen – Claudio erleidet auf unterschiedliche Weise schwerste Verletzungen. In diesem Schreckenszenario sieht er nur einen möglichen Ausweg: Flüchten, indem er seine Augen fest zusammenkneift und damit sein Erwachen herbeiführt. Neben dem **Gefühl** machtlos zu sein, ist da auch die Einsamkeit. Claudio ist im Traum auf sich alleine gestellt – es ist das gleiche »Im-Stich-gelassen-werden«, das ihm widerfährt, wenn er vor die Klasse treten muss und von Frau Steinhardt vor den Augen der anderen Schüler für sein Fehlverhalten getadelt wird. Im Traum wie auch im Wachleben ist Claudio unbewaffnet und schutzlos. Frau Steinhardt ist hingegen mit einem ganzen Arsenal schrecklicher Kampfwerkzeuge ausgestattet. Dies ist ein wichtiger Hinweis darauf, wie Claudio die **Beziehung** zwischen sich und seiner Lehrerin wahrnimmt. Zwischen beiden besteht ein extremes Machtgefälle. Aber nicht nur das – die Beziehung ist in eine derart zerstörerische Schräglage geraten, dass beide – Claudio und seine Lehrerin – nur noch in ihrer jeweils festgefahrenen Weise aufeinander reagieren können: Frau Steinhardt als Angreiferin und Claudio als hilfloses Opfer. Im Traum werden keinerlei Lösungen für Claudios **Problem** sichtbar. Lediglich die anderen Kinder, die noch irgendwo im Dschungel spielen sowie der Dschungel selbst könnten ihm in dieser misslichen Lage **Ressourcen** anbieten.

Weitere Erkenntnisse: Die positive Umgestaltung der Traumdramaturgie wird Claudio dabei helfen, den Alptraum zu überwinden. Durch diese erfolgreiche Wendung gewinnt er an Selbstbewusstsein im Wachen. Das führt natürlich nicht automatisch dazu, dass sich der Umgang mit der Lehrerin verändert. Doch Claudio wird bei der nächsten Konfrontation wacher sein und seiner Lehrerin anders, vielleicht ein kleines bisschen selbstbewusster in die Augen sehen. Allein die erhöhte Sensibilität und veränderte Haltung gegenüber dem Problem tun Claudio gut. Antonia ist jetzt erst klargeworden, dass Claudio dringend Hilfe braucht. Ihr Sohn wird allein nicht in der Lage sein, seiner Lehrerin auf Dauer Paroli zu bieten. Daher ist es wichtig, mit der Lehrerin zu sprechen. In schwierigen Fällen reicht ein einziges Gespräch nicht aus, um Fortschritte zu erzielen. Wenn Antonia mit der Lehrerin jedoch laufend in Kontakt ist, wird dies das schwächste Glied in diesem System – nämlich Claudio – entlasten. So kann er wieder durchatmen und sich um seine Kernaufgaben, das Lernen in der Schule kümmern. Leider werden solche wichtigen Gespräche viel zu selten geführt und wenn, dann bedeutet dies nicht zwangsläufig, dass diese auch erfolgreich verlaufen. Deswegen könnte es auch hilfreich sind, einen neutralen Vermittler hinzuzuziehen. Vielleicht einen weiteren Lehrer oder einen Mediator. Dieser achtet darauf, dass Ziele im Blick behalten und Gesprächsregeln beachtet werden.

Wie kann Claudio die Traumerfahrung bewältigen?
Der Traum wiederholt sich in verschiedenen Varian-

ten genauso wie sich das Drama in der Schule Tag für Tag wiederholt. Und Claudio unterliegt dem gefährlichen Affen im Traum ebenso wie Frau Steinhardts Sanktionen. Wir sehen, dass Claudio in dieser misslichen Lage Unterstützung braucht. Hier gibt es verschiedene Möglichkeiten. Zum einen lässt sich die Traumerfahrung direkt nutzen, das heißt, Antonia kann das Traumgeschehen mit Claudio nochmals anschauen, um mögliche Lösungen gedanklich zu konstruieren. Zum anderen kann sie jetzt gezielter als vorher an geeigneten Lösungen im Alltag arbeiten. Beginnen wir damit, die Traumerfahrung selbst noch einmal zu nutzen und sehen wir anschließend, was sich konkret im Wachleben verändern lässt.

Antonia: Könntest du dir denn vielleicht doch eine Möglichkeit vorstellen, wie du den Affen besiegen könntest? **(Gedankenexperiment)**
Claudio: Nein, den Affen kann ich nicht besiegen.
Antonia: Ich bin mir da nicht so sicher. Bestimmt gibt es da eine Möglichkeit. Waren da nicht noch deine Freunde im Dschungel? Außerdem ist es nur ein Affe, du bist doch viel schlauer als ein Affe. **(Stärken benennen)**
Claudio (gelöst)**:** Ja, ganz klar. Gorillas sind zwar stark, aber auch doof. Ich bin viel schlauer! Und wenn ich Hendrik rufe, dann kann er mich vielleicht hören. Dann bauen wir eine Falle, in die er hineintapst, der dumme Affe! Im nächsten Traum nehmen wir ihn dann gefangen, machen ein Feuer und braten den Affen.

Unter dem Tisch – Anton (11 Jahre alt) träumt:

Ich saß unter dem Tisch und ihr seid alle um den Tisch rumgesessen.

Wer ist Anton? Anton wirkt auf Außenstehende selbstbewusst. Mitschüler nennen ihn sogar den »Obercoolen«, was durchaus nicht nur schmeichelhaft gemeint ist. Anton hat aber auch eine introvertierte Seite: Besonders zu Hause zieht er sich gerne zurück in sein Zimmer, liest viel und lässt mit Vorliebe die »Seele baumeln«. Sein Tages- und Wochenablauf ist stark von der Schule und von sportlichen Freizeitaktivitäten strukturiert. Anton würde gerne mehr über seine freie Zeit bestimmen. Doch seine Mama glaubt, dass Anton noch lernen muss, sich an soziale Spielregeln zu halten, denn in der Schule eckt er häufiger bei Mitschülern an und auch mit Lehrern gibt es Konflikte. Antons Mutter ist überzeugt, dass Kinder in Antons Alter soziale Fähigkeiten am besten in organisierten Sport- und Freizeitgruppen lernen. Wie seine beiden älteren Schwestern ist Anton daher in einer Leichtathletik-Sportgruppe und bei den Pfadfindern aktiv.

Was geschah an den Tagen vor dem Traum? Anton und seine Mutter hatten sich gestritten. Der Grund hierfür war: Anton wurde von seiner Mutter ermahnt, mehr für die Schule zu arbeiten. Da Anton gerade ein spannendes Buch zur Hand hatte, ließ er sich nur widerwillig darauf ein. Die Mutter warf Anton vor, es sich mit der Schule zu einfach zu machen, zumal die Anforderungen gestiegen seien und Anton bessere Leistungen zeigen könne, wenn er nur wolle.

Anton und sein Vater Jakob sprechen über den Traum:

Jakob: Was hast du denn unter dem Tisch gemacht? **(Verhalten erfragen)**
Anton: Nichts Besonderes, ich saß da einfach.
Jakob: Wer saß da genau um den Tisch herum? **(Details erfragen)**
Anton: Na wir, du, Mama, Sophie und Marie (die beiden älteren Schwestern).
Jakob: Und was haben wir gemacht? **(Details erfragen)**
Anton: Ihr habt was gegessen und geredet.
Jakob: Und du hast nicht mitgegessen?
Anton: Nein.
Jakob: Wie ging's dir denn da unter dem Tisch – so allein? **(Gefühle erfragen)**
Anton: Weiß nicht – war ganz normal.
Jakob: Du hast es also gar nicht ungewöhnlich empfunden da zu sitzen? **(Spiegeln)** Wie wäre denn das, wenn du dich beim nächsten Abendessen wirklich mal unter den Tisch setzen würdest? **(Gedankenexperiment)**
Anton: Wieso das denn – nein, das will ich nicht. (Entrüstet)

> Traumhandlungen tatsächlich umzusetzen oder im Rollenspiel nachzugestalten kann sehr spannend sein. Gerade wenn der Traum Familienthemen behandelt. Jeder ist dann aufgefordert mitzudenken und seine Sichtweise mit einzubringen.

Jakob: … und im Traum hat sich niemand daran gestört und du dich auch nicht? **(Gefühle erfragen)**
Anton: Nein, ihr habt was für euch gemacht und ich für mich.
Jakob: Du stehst ja wirklich gerne früher vom Tisch auf und gehst in dein Zimmer. Hat das bestimmte Gründe? **(Brücken ins Wachleben)**
Anton: Oft nervt es mich, wenn alle durcheinander reden. Ich will dann meine Ruhe haben.
Jakob: Es stört dich also, dass du nicht zu Wort kommst? **(Spiegeln)** Und Mama, was hätte sie denn dazu gesagt, wenn sie dich unter dem Tisch hätte sitzen sehen? **(Stellvertretend für die Traumfigur antworten lassen)**
Anton: Vielleicht hätte sie gesagt: »Ach der Anton macht mal wieder sein eigenes Ding – immerzu muss man nach ihm sehen.«

So denkt Jakob über Antons Traum: Anton braucht ab und zu seine Ruhe – das verstehe ich gut. Wenn es einem zu viel wird, muss man sich mal zurückziehen dürfen. Wir sind wirklich ein laut quasselnder wilder

Haufen. Aber das Experiment mit dem Tisch würde ich wirklich gerne mal ausprobieren. Bin gespannt, was die Mädels dazu sagen. Vielleicht erfahren wir dann mehr über unsere Beziehungen innerhalb der Familie. Das könnte spannend werden.

Vergleich von Wachleben und Traum: Anton nutzt im Wachleben jede Gelegenheit, um sich von den anderen in der Familie und deren Aktivitäten zu distanzieren, ganz ähnlich wie im Traum. Die übrigen Familienmitglieder sind mit sich beschäftigt, unterhalten sich und ignorieren ihn weitgehend. Traum und Wachleben stimmen in diesem Punkt dennoch nicht ganz überein. Zwar hat jeder in der Familie viel zu tun und geht seinen eigenen Interessen nach, doch die Mutter nimmt sich bewusst Zeit für ihren Sohn. Sie lernt mit ihm für die Schule und motiviert ihn darüber hinaus auch, seine Freizeit gut zu strukturieren. Sie hat also ein großes Interesse daran, dass Anton sich gut entwickelt und Fortschritte macht.

Schauen wir uns die **Gefühle** genauer an, die Anton im Traumgespräch anspricht. Er empfindet es im Traum als ganz »normal«, allein unter dem Tisch zu sitzen. Es scheint für ihn nichts Besonderes zu sein, dass Gespräche »über seinen Kopf hinweg« stattfinden. Er scheint sich an diesen Zustand gewöhnt zu haben und ist mit seiner Position unter dem Tisch auch nicht unglücklich. Erst als Jakob genauer nachfragt, warum Anton auch im Wachleben häufiger früher vom Tisch aufsteht, benennt Anton klar, welche **Bedürfnisse** hinter dieser Entscheidung stehen: Er fühlt sich mit seinen Gesprächsbeiträgen bei Tisch oft missachtet und wünscht sich, dass man sich dafür interessiert, was er zu sagen hat.

Weitere Erkenntnisse: Betrachten wir die Ereignisse näher, die sich vor Antons Traum abgespielt haben, so können wir kritisch fragen, ob sich Antons Traum »nur« auf die Gesprächsatmosphäre beim Essen bezieht. Anton hatte sich am Vortag mit seiner Mutter gestritten. Dabei wurde ein Konflikt belebt, der die Beziehung zwischen den beiden schon länger belastet. Die Mutter wünscht sich, dass Anton sich in der Schule und im Sport aktiver zeigt. Anton möchte damit aber in Ruhe gelassen werden. Schauen wir, ob sich für diese Perspektive Anhaltspunkte im weiteren Gespräch zwischen Anton und seinem Vater finden lassen.

Jakob: Du wünschst dir also, dass wir deine Interessen mehr respektieren? (**Spiegeln – Bedürfnisse benennen**)
Anton: Ja – aber die sind doch gar nicht so wichtig für euch. (Enttäuscht) Ich finde, die Mama und du – ihr wollt nur wissen, was die Sophie und die Marie machen. Sie sind halt beide ein Ass im Leichtathletik und in der Schule sowieso die Königinnen – da kann ich nicht mithalten.
Jakob: Du meinst, dass du uns nur wichtig bist, wenn du glanzvolle Leistungen im Sport und in der Schule zeigst? (**Spiegeln**)
Anton: Ist doch so. (Hat Tränen in den Augen.) Man wird ja hier nur beachtet, wenn man aktiv ist. Ist ja

nicht nur im Sport so – auch in der Schule. Die
Mama rennt mir jeden Tag hinterher – »mach dies
– mach das« – nie ist es genug.
Jakob: Und da verkriechst du dich dann gerne mal,
um wenigstens ab und zu für dich zu sein. **(Spiegeln
– Wünsche benennen)**
Anton: Ja – man kümmert sich ja sowieso nur um
mich, wenn ich wieder was für die Schule machen
soll.

Anton appelliert mit seinem Traum an die Eltern,
endlich zu sehen, dass es ihm in seiner Familie nicht
gutgeht. Seine Lage könnte er etwa so beschreiben:
»Ich muss mir hier ein Ruheversteck suchen, um ungestört zu sein. Ich möchte nicht immer um Anerkennung und Zuwendung kämpfen – das ist anstrengend.
Und mit dem, was ich euch anbieten kann, gewinnt
man sowieso nichts. Aber keine Sorge – mir geht es in
meinem Ruheversteck ganz gut – ich bin da nämlich
trotzdem in eurer Nähe. Das ist mir sehr wichtig,
denn ich liebe euch. Manchmal bin ich mir unsicher,
ob ihr mich genauso liebt. Ich wünschte mir, ihr würdet mich genauso wichtig nehmen, wie die anderen
hier in dieser Familie. Dann könntet ihr besser sehen,
wie und wer ich wirklich bin.«

Jakob konnte Anton tatsächlich noch dazu gewinnen,
das Traumstück in der eigenen Küche aufzuführen.
Dabei übernahm jeder die Rolle, die er in Antons
Traum innehatte. Vater, Mutter und die Schwestern saßen um den Tisch herum, während Jakob unter dem

Tisch kauerte. Jetzt konnte jeder sagen, wie er diese Situation empfand. Sophies Eindruck: »Man bemerkt ja gar nicht, dass Anton fehlt. Sagt ja sonst auch fast nie was.« Der Vater: »Ich vermisse Anton schon ziemlich. Wenn er hier oben sitzen würde, hätte ich männliche Verstärkung. Täte uns beiden sicher gut.« Daraus entwickelt sich eine intensive Diskussion, die allen alsbald klarmacht: Anton leidet darunter, nicht gesehen zu werden. Die Eltern und Schwestern lassen ihn bei Tisch nicht ausreden und die Mutter behandelt ihren 11-Jährigen immer noch wie ein kleines Kind – so hat es Jakob formuliert. Sie verordnet ihm zum Beispiel ein Lern- und Freizeitprogramm nach ihren eigenen Maßstäben. Dagegen lehnt sich Anton meist nicht offen mit Argumenten auf, sondern reagiert mit Rückzug. Als Resultat dieser intensiv geführten Gespräche stellten die Eltern Anton frei, welcher Freizeitbeschäftigung er nachgehen will. Anton entschied sich dafür, Schach spielen zu lernen und eine Zeit lang auf sein Leichtathletik-Training zu verzichten. Für den Nachmittag wurden mit Anton feste Lernzeiten vereinbart. Werden diese eingehalten, hat Anton für den Rest des Tages frei. Durch das Traumgespräch gelingt es den Eltern, das Bedürfnis, das sich hinter dem Wunsch verbirgt »für sich sein zu wollen« klar benennen zu können: Anton möchte als Person mit eigenen Interessen und Wünschen erkannt werden und nicht ständig mit seinen Schwestern und den elterlichen Idealen konkurrieren. Das half vor allem der Mutter, gelassener und positiver auf ihren Sohn zuzugehen und ihn in seiner ruhig-gelassenen Art wertzuschätzen.

»Warum bist du so anders, obwohl wir dich doch gleich behandeln wie deinen Bruder?«
Es passiert recht häufig, dass Eltern nicht verstehen, weshalb ihre Kinder sich verschieden entwickeln, wo sie doch versuchen, jedem Kind in ähnlicher Weise gerecht zu werden. Sie sind enttäuscht, wenn ihre Bemühungen nicht bei jedem Kind den gleichen »Erfolg« zeigen. Doch Kinder kommen nicht als unbeschriebenes Blatt auf die Welt, sondern bringen von Anfang an bestimmte Eigenheiten und ein für sie typisches Temperament mit. Solche Besonderheiten bergen bei genauerem Hinsehen viel Entwicklungspotenzial in sich – je nachdem wie Eltern darauf eingehen.

Von Zombies verfolgt (Alptraum) – Marita (12 Jahre alt) träumt:

Ich spielte mit anderen ein Computerspiel. Dabei ging es darum, dass man so viel wie möglich Geld einsammeln sollte. Dann waren da Zombies überall und wir sind weggerannt. Wir sind in eine Kirche geflüchtet. Wir wussten, dass die Zombies uns nichts tun konnten, wenn wir auf der Kirchenbank sitzen. Aber die Plätze waren schon alle besetzt. Wir sind dann weitergerannt. Dabei hatte ich große Angst, dass mich ein Zombie erwischt. Dann bin ich zum Glück aufgewacht.

Wer ist Marita? Marita lebt mit ihrer älteren Schwester und beiden Eltern zusammen. In ihrer Freizeit pflegt sie gerne sportliche Hobbys und engagiert sich als Ministrantin in der Kirche. Marita ist selbstbewusst und zielstrebig. Sie weiß genau, was sie will: Jetzt schon gut in der Schule sein, um später einen gut bezahlten Beruf zu ergreifen. In letzter Zeit plagen Marita häufiger Alpträume, in denen sie von Zombies verfolgt wird.

Was geschah an den Tagen vor dem Traum? Marita unterhält sich mit ihren Eltern am Abend vor dem Traum über die finanzielle Situation in der Familie. Im Betrieb des Vaters ist die Kurzarbeit eingeführt worden und die Mutter überlegt sich, ob es der Familie helfen würde, wenn sie ganztags arbeitet. Wegen der ständig schlechten Nachrichten zur Finanzkrise im Fernsehen und im Internet sorgt sie sich sehr. Marita fragt sich, ob es der Familie in Zukunft schlechter gehen wird. Ihr Papa meint ein wenig zynisch: »Wenn wir zehn Millionen im Lotto gewinnen würden, hätten wir keine Sorgen mehr.«

Marita und ihre Mutter Sonja sprechen über den Traum:
Sonja: Klingt wirklich Angst einflößend dein Traum mit den Zombies. **(Gefühle spiegeln)** Hast du dem Traum schon einen Titel gegeben?

> Lassen Sie Ihr Kind dem Traum einen Titel bzw. eine passende Überschrift geben. Dann wird der Traum zur Geschichte, mit der sich die Träumerin identifiziert. Zudem kann man später wieder leichter darauf zurückkommen.

Marita: Nein, aber wie findest du »Zombieangriff in Weilershausen«? (Ort, in dem Marita wohnt.)
Sonja: Woran würde ich denn die Zombies auf der Straße erkennen können? **(Details nachfragen)**
Marita: Es sind schrumpelige alte Menschen, Skelette eigentlich, mit schwarzen Umhängen und einem schwarzen Hut – einfach zum Fürchten. Und im Gesicht hatten die so komische Flecken und Huppel. (Angeekelt)
Sonja: Das waren also Gestalten, die man nicht jeden Tag trifft. **(Spiegeln – Klären)** Woher kennst du diese Zombies? **(Brücken zum Wachleben)**
Marita: Ich habe neulich ein Buch gelesen, das mir Kira gegeben hat – das war so spannend, ich hab fast die ganze Nacht durchgelesen. Da gab es eine Verfolgungsjagd mit Vampiren. Es ist oft so, dass ich von den Figuren in meinen Büchern träume. Die Zombies sahen so ähnlich aus.
Sonja: Und mit dem Computerspiel habt ihr richtig was gewonnen? **(Klären)**
Marita: Das war ein Nintendospiel, das ich im Urlaub gespielt habe, du erinnerst dich? So kleine Groschen. Die Aufgabe ist, so viel Geld wie möglich zu

finden. Da musste ich verschiedene Wege in einem Labyrinth nach Geld durchsuchen. Im Traum war ich richtig gut. Komisch war, dass ich den Traum aus zwei Perspektiven gesehen hab. So wie wenn man in einem Film mitspielt und den Film auch gleichzeitig anschaut.

Sonja: Das ist interessant, so was hab ich auch schon mal erlebt. Aber wie ist das mit dem Geld – möchtest du vielleicht mehr Taschengeld? (Schmunzelt) **(Wünsche – Brücken ins Wachleben)**

Marita: Au ja super, das ist ein guter Scherz, Mama! Aber ich glaube, ich hab das geträumt, weil wir in letzter Zeit viel über Geld sprechen. Wenn wir mehr Geld hätten, dann müssten wir uns nicht jedes Mal überlegen, ob wir uns dies oder das leisten können. Ob wir ein schöneres Auto kaufen oder mal nach Amerika fliegen oder zu Hause bleiben müssen. Nicht nur wir haben ja Probleme, alle Leute haben ja jetzt Schulden, wegen der Krise mit den Banken. Im Traum war es so, dass jeder so viele Münzen wie möglich einsammeln wollte. Es ging auch darum, die anderen auszuschalten, um mehr Geld zu haben.

Sonja: Wo erlebst du das so ähnlich? **(Brücken ins Wachleben)**

Marita: Ist es nicht so, dass heute jeder nur ans Geld denkt?

Sonja: Sicher! Und hab ich das richtig verstanden, seid ihr vor den Zombies davongelaufen? **(Klären)**

Marita: Ja, dann sind plötzlich die Zombies erwacht. Alle sind schreiend rausgerannt. (Gestikuliert wild.) Dann haben die Zombies den Menschen die Köpfe

weggeschlagen. (Duckt sich.) Überall war Chaos und manche sind auf die Dächer gesprungen. Irgendwie hat man vorausgesehen, dass die ganze Welt voll Zombies wird. Die wollten einen umbringen. Überall war Angst und Panik.
Sonja: Um Gottes willen, das klingt ja richtig dramatisch. **(Gefühle spiegeln)** Was fällt dir denn alles so zu Zombies ein? **(Frei assoziieren lassen)**
Marita: Zombies sind Fantasiefiguren und wer von einem gebissen wird, der ist dann selbst ein Zombie und dann stecke ich andere an. Daran hat man früher geglaubt wie an Hexen und Zauberer. Das gibt es ja auch alles nicht. Menschen, die viel Angst haben, haben sich diese Figuren ausgedacht.
Sonja: Das sind ja interessante Gedanken. Du bist ja eine richtige Philosophin. **(Stärken)** Damit meinst du also, dass wir eigentlich keine Angst zu haben bräuchten? **(Spiegeln)**
Marita: Hmmm … (nachdenklich), besser wäre es auf jeden Fall. Diese Angst ist irgendwie ansteckend. So wie die Angst vor der Finanzkrise. Jeder hat ja Angst davor, dass er jetzt kein Geld mehr verdient. Dir ist ja auch nicht so wohl und die Schweinegrippe ist auch ansteckend und nicht ganz so schön.
Sonja: Wie wäre es, wenn du die Zombies mal sprechen lässt? **(Gedankenexperiment – Mit Traumfiguren sprechen)**
Marita: UHHHHUHHHH, ich bin ein Zombie und ich bin nur in deiner Fantasie, ich beiße dich jetzt und dann wirst du allen anderen Menschen immer Angst machen.

Sonja: Igitt, geh weg. Aber da fällt mir noch ein: Wie wäre es denn gewesen, wenn du in der Kirche tatsächlich einen Platz gefunden hättest? (**Gedankenexperiment – Lösungen anregen**)
Marita: Das wäre gut gewesen, da hätte ich mich gut und sicher gefühlt. Dann wäre die ganze Angst weg gewesen. Vielleicht findet man durch Gott Schutz, also durch den Glauben an Gott. Als ich für meine Oma gebetet habe, habe ich mich auch besser gefühlt. Wenn ich darüber rede, habe ich nicht mehr so viel Angst.

> Wer über seine Ängste spricht, bereitet den Weg für Veränderungen.

Sonja: Es hilft dir also auch jetzt, wenn wir so über den Traum reden. (**Spiegeln**)
Marita: Ja, jetzt habe ich auch nicht mehr so viel Angst vor den Zombies.
Sonja: Schön! Wie würdest du deinen Traum jetzt, nachdem wir darüber gesprochen haben, benennen?

> Vor dem Traumgespräch betont der Titel meist die bedrohlichen Aspekte des Traums. Nach einem erfolgreichen Traumgespräch gelingt es Jugendlichen, das Eigentliche hinter dem Traumgeschehen zu benennen oder auch die konstruktiven und stärkenden Aspekte herauszustellen.

Marita: »Die Angst vor der Krise.« – oder vielleicht: »Nur cool bleiben, das wird schon!«

So denkt Sonja über Maritas Traum: Ich wusste gar nicht, dass Marita so religiös ist. Sie ist ja Ministrantin, aber ich dachte immer, dass sie nur wegen ihrer Freundin da hingeht. Na ja, unsere Gespräche über unsere finanzielle Zukunft scheinen nicht spurlos an Marita vorbeigegangen zu sein. Das lässt unser Mädchen in keiner Weise kalt. Ist interessant, wie sich das Geldproblem in ihrer Fantasie darstellt. Die Angst etwas zu verlieren oder weniger zu haben ist wirklich ansteckend wie ein Fieber, das alle ergreift. Jeder läuft nur noch zombiehaft durch die Landschaft und infiziert den anderen mit seinen Existenzängsten. Ist doch eigentlich albern. Aber so schlecht geht es uns ja gar nicht. Wenn Franz zur Kurzarbeit verdammt ist, arbeite ich halt wieder mehr. Das wird schon. Und wenn es ganz hart wird, werden uns sicher unsere Eltern unterstützen können.

Vergleich von Wachleben und Traum: Betrachten wir zunächst das **Verhalten** im Traum. Marita ist aktiv. Beim Sammeln des Geldes ist sie erfolgreich und kann sich auch gegenüber den anderen gut behaupten. In den Familienalltag übersetzt könnte man vielleicht sagen, dass sie versucht, im Rahmen ihrer Möglichkeiten etwas gegen die Finanzkrise bzw. etwas für die Familie zu unternehmen. Das passt ganz zu ihren **Stärken** im Wachleben. Marita ist tatkräftig und lässt sich so leicht nicht unterkriegen. Allerdings sind die Zombies dann doch eine Nummer zu groß für sie. Wie in jedem Alptraum sind die **Angstgefühle** überwältigend. Auf die **Traumfiguren** projiziert Marita Kräfte, denen sie im Wachen nichts entgegensetzen kann. Die diffusen Existenzängste werden durch die Zombies für Marita gegenständlich und vorstellbar. Das **Problem**, das sich im Traum zeigt, ist, dass Davonlaufen keine Lösung ist. Doch hier deutet uns der Traum **Ressourcen** an. Marita setzt den Werten einer materiell orientierten Gesellschaft ganz andere Werte entgegen – die der Gemeinschaft, des Glaubens und des Hoffens. Doch leider kann sie die im Traum angebotene Lösung nicht nutzen.

Weitere Erkenntnisse: Maritas Traum zeigt ihren Eltern, wie sie die Finanzkrise und die damit verbundenen familiären Probleme begreift. Die Mutter erkennt, dass Marita mit der Darstellung des Problems in den Medien und wie sie darüber am Familientisch debattieren überfordert ist. Die Botschaft an die Eltern versteht die Mutter folgendermaßen: »Hey, hört mal zu. Eigentlich geht es mir gewaltig auf die Nerven, die Sache mit der Finanzkrise und dass wir anscheinend bald kein Geld mehr haben. Ich komme damit nicht klar, könnten wir mal in konstruktiver Weise über das Problem sprechen und nicht nur immer die Schattenseiten herausstellen. Da wird man ja verrückt bei!« Die Mutter fühlt sich durch diesen Traum aufgefordert, Maritas Rat zu beherzigen und zukünftig gelassener mit den anstehenden Problemen umzugehen und nicht wie ein aufgescheuchter Zombie andere mit den eigenen Existenzängsten zu infizieren.

In den Schuhen meines Bruders – Josef (14 Jahre alt) träumt:

Es war nach der Schule auf dem Busbahnhof. Da kam ein Auto angefahren. Darin saßen ein paar Freunde. Mit denen wollte ich nach Hause fahren. Aber es ging nicht, da war kein Platz mehr. Danach sah ich, dass sich der ganze Platz um den Busbahnhof in eine einzige große Eisfläche verwandelte. Ich war erstaunt, weil ich die Schuhe von meinem Bruder anhatte. Und mit diesen Schuhen glitt ich über das Eis. Es war ein tolles Gefühl.

Wer ist Josef? Josef ist in seiner Freizeit viel mit seinem Skateboard unterwegs und trifft sich gerne mit Freunden. Er mag Computerspiele und spannende Actionfilme, achtet aber darauf, dass er seine Freizeit weitgehend sinnvoll ausfüllt. Er geht in dieselbe Schule wie sein zwei Jahre älterer Bruder Oliver. Dort ist Josef beliebt und anerkannt. Lehrer und Mitschüler schätzen an Josef seine ausgeglichene und friedfertige Art. Während Josef viele Freunde und Bekannte hat, ist Oliver in letzter Zeit mehr und mehr zum Einzelgänger geworden. Oliver verbringt die meiste Zeit zu Hause vor seinem Computer.

Was geschah an den Tagen vor dem Traum? Josef und sein Bruder gerieten immer wieder in Streit. Der Grund: Josef hat mitbekommen, dass sich Mitschüler über Oliver lustig machen. In seinen Augen droht er in der Schule zum Außenseiter zu werden, wenn er so weitermacht und sich nicht mehr um andere bemüht. Kein Wunder, so behauptete Josef im Streit, dass Oli keine Freunde hat, wenn er seine Zeit nur mit Computerspielen verbringt. Doch an Oli scheinen diese Vorwürfe abzuprallen. Er will sich von seinem kleinen Bruder nicht vorschreiben lassen, was er zu tun und zu lassen hat.

Josef und sein Vater Jens sprechen über den Traum:
Jens: Hast du am Busbahnhof ganz alleine gewartet oder war da noch jemand? (**Details erfragen**)
Josef: Ich stand da mit anderen rum, aber die kannte ich nicht.
Jens: So viel ich weiß, musst du doch gar nicht von der Stadt aus mit dem Bus nach Hause fahren. Dein Bus geht doch direkt von der Schule aus oder? (**Brücken ins Wachleben**)
Josef: Ja – weiß auch nicht, warum ich vom Busbahnhof in der Stadt träume. Da steig ich nie aus. Ich sehe immer nur im Vorbeifahren, dass sich da ein paar Kumpels von mir treffen.
Jens: Was fällt dir denn alles so ein, wenn du an den Busbahnhof denkst? (**Frei assoziieren lassen**)
Josef: Na ja, der ist in der Mitte der Stadt, so eine Art Treffpunkt für alle. Von da aus lässt sich jedes Ziel erreichen. Also man ist quasi mit allem irgendwie verbunden. Das ist ganz angenehm.
Jens: Das ist dir ja auch wichtig, mit jedem irgendwie in Verbindung zu stehen, oder? (**Bedürfnisse benennen**)

Josef: Ja, das macht das Leben einfacher. Viele Kontakte zu haben, tut mir einfach gut.
Jens: Und was hast du empfunden, als deine Freunde keinen Platz mehr für dich im Auto hatten? (**Gefühle erfragen**)
Josef: Ich wäre schon gerne mitgefahren. Aber für mich war es okay – ging eben nicht.
Jens: Wer war das denn genau in dem Auto? (**Details erfragen**)
Josef: Ein paar Leute aus meiner Klasse. Mit denen ich mich auch sonst ganz gerne zum Skaten treffe.
Jens: Das mit den Schuhen ist ja interessant. Es waren also welche von Oli, nicht deine eigenen? (**Klären – Spiegeln**)
Josef: Ja, da war ich im Traum richtig baff, als ich gesehen habe, dass ich Olis Schuhe trage.
Jens: Hattest du die Schuhe denn noch an, als du so über die Eisfläche geschlittert bist? (**Klären**)
Josef: Ja, die Schuhe hatte ich die ganze Zeit an. Aber schlittern ist nicht das richtige Wort für das, was ich da im Traum erlebt habe. Ich bin mit diesen Schuhen so locker und leicht übers Eis geglitten – ich hab mich nicht angestrengt und musste überhaupt nicht aufpassen, dass ich hinfalle – einfach toll. Ich wollte, dass es nie aufhört. So ein leichtes Gefühl, als ob man schwebt.
Jens: Das stelle ich mir auch gut vor – einfach so übers Eis zu gleiten. (**Spiegeln**) Hattest du denn in letzter Zeit mal so ein ähnliches Gefühl – dass etwas so leicht und einfach geht? (**Brücken ins Wachleben**)

Josef (denkt nach): Ja manchmal – wenn es auf der Halfpipe mal gut läuft. Das ist dann auch so ein tolles Gefühl von Schweben.
Jens: Na ja, wenn ich bedenke, wie hart du an deinen Skaterfähigkeiten arbeitest – deine Ausdauer ist bewundernswert. **(Stärken benennen).**

So denkt Jens über Josefs Traum: Das Ungewöhnlichste an dem Traum sind diese Schuhe von Oli, mit denen Josef so übers Eis gleitet – leicht und mühelos hat sich das angehört. Fragt sich nur, warum Josef ausgerechnet Olis Schuhe »ausleiht«, um damit was Schönes zu erleben. Immerhin zoffen sich die beiden in letzter Zeit ziemlich viel.

Vergleich von Wachleben und Traum: Josefs **Verhalten** im Traum gleicht in verschiedener Hinsicht seinem Verhalten im Wachleben: Hier wie da ist er sportlich aktiv und in Kontakt mit anderen Jugendlichen. Im Traum genießt er das Eislaufen – im Wachen steht er mit Vorliebe auf seinem Skateboard. Auch im Sozialverhalten finden sich Parallelen. Seine Freunde schätzen an Josef, dass er unkompliziert und ausgeglichen ist. Josef scheint anderen gegenüber tolerant und akzeptierend zu sein. Er muss sich nicht immer durchsetzen, sondern folgt auch gerne den Vorschlägen oder Meinungen anderer. Diese persönliche **Stärke** ist auch im Traum sichtbar. Er wäre zwar gerne mit seinen Freunden im Auto nach Hause gefahren, doch er nimmt es gelassen hin, als er eine Absage bekommt. Wie ist es mit Josefs **Gefühlen** im Traum? Josef fühlt sich leicht und unbeschwert, als er übers Eis gleitet. Es gelingt ihm mühelos, sich auf dem Eis fortzubewegen. Ein ähnliches Hochgefühl erlebt Josef manchmal auch im Wachzustand, wenn er mit seinem Skateboard unterwegs ist.

Beleuchten wir das Traumgeschehen allein auf der Ebene des Verhaltens und der beschriebenen Gefühle, so erkennen wir keine Brüche oder Probleme – alles scheint stimmig, leicht und unbeschwert. Was jedoch noch im Dunkeln liegt und nicht so recht einzuordnen ist, sind die Schuhe des älteren Bruders. Warum zieht sich Josef im Traum nicht Schlittschuhe oder seine eigenen Schuhe an, um etwas Schönes zu erleben – warum ausgerechnet ein paar Schuhe von seinem Bruder Oliver? Vielleicht finden wir eine Antwort, wenn wir dem Gespräch zwischen Jens und seinem Sohn weiter folgen.

Jens: Das mit den Schuhen von Oli ist mir irgendwie noch nicht so klar. Was waren das denn genau für Schuhe, die du da im Traum anhattest? **(Details erfragen)**
Josef: Ja das war richtig komisch – es waren die braunen, die mir überhaupt nicht gefallen. Die sehen unmöglich aus, sind einfach nicht cool und passen nicht zu den Klamotten, die jetzt gerade »in« sind.
Jens: Du hast dir also ausgerechnet die Schuhe ausgesucht, die dir selbst am wenigsten gefallen. Und mit denen hattest du so ein erhebendes Gefühl? **(Problem benennen)**

Josef: Ja stimmt – eigenartig nicht? Wahrscheinlich wollte ich, dass wenigstens etwas von Oli mal nach draußen kommt.
Jens: Würdest du ihn denn gerne bei einer solchen Aktion dabeihaben? **(Lösungen suchen)**
Josef: Schön wär's – aber mit dem ist ja nichts anzufangen – sitzt dauernd vor seinem PC. Und mich nimmt er sowieso nicht für voll.
Jens: Du bist traurig und enttäuscht, weil er sich so wenig für dich interessiert? **(Gefühle spiegeln)**
Josef: Schon – ich spiel zwar auch gerne mal am PC, aber das, was Oli bringt, ist schon ein richtiges Problem. Das ist ja wie 'ne Sucht. Seht ihr das eigentlich nicht?

Weitere Erkenntnisse: Nun wird beiden klar, warum Josef mit den Schuhen seines Bruders unterwegs war. Josef macht sich Sorgen um Oliver, weil er die meiste Zeit passiv vor seinem PC sitzt, keinen Sport mehr treibt und weder mit Josef noch mit Freunden etwas unternimmt. Mit diesem »unschönen« Anteil des Bruders kennt sich Josef selbst auch aus: Auch er sitzt gerne an seinem PC. Josef kann sich also gut in seinen Bruder einfühlen. Diesen Aspekt verarbeitet Josef im Traum, indem er die hässlichen Schuhe von Oli trägt. Doch Josef wirkt dem damit verbundenen gefährlichen sozialen Rückzug entgegen und findet im Traum eine **Lösung.** Er nimmt seinen Bruder einfach mit, indem er seine Schuhe anzieht und zeigt ihm, wie schön es sein kann, sich mit anderen zu treffen und sich draußen zu bewegen.

Josef hatte bislang versucht, seinen Bruder »gewaltsam« vom Computerspielen abzubringen. Doch das misslang regelmäßig – schlimmer noch – jeder Versuch endete in einem heftigen Streit.

> Spielsüchtig am Computer?
> Nicht jeder Jugendliche, der gern und lange vor dem PC sitzt, ist süchtig. Doch die Grenzen zwischen einem normalen und einem süchtigen Umgang mit Computerspielen sind fließend. Computersucht ist an ähnlichen Symptomen zu erkennen wie Alkohol- oder Drogensucht: Das eigentliche Leben spielt sich vor dem Bildschirm ab, Freunde und Familie werden unwichtig. Werden süchtige Jugendliche zum Beispiel am Spielen gehindert, werden sie aggressiv und nervös. Nichts außer der virtuellen Welt scheint sie noch zu erreichen.

Der Ältere empfand es als Bevormundung und Besserwisserei, das wollte er sich von seinem jüngeren Bruder nicht bieten lassen. Im Traumgespräch deutet sich eine wesentlich günstigere Vorgehensweise an, die sich in drei Schritten gut umsetzen lässt.

Erstens: Josef zeigt, dass er seinen Bruder gut verstehen kann. Im Traum geht er in seinen Schuhen. Eine alte indianische Weisheit sagt, dass wir uns erst eine Meinung über eine Person bilden sollten, nachdem wir eine Weile in ihren Schuhen gegangen sind.

Wir sollten uns also ganz auf das Denken und Fühlen eines anderen Menschen einlassen, bevor wir sein Verhalten als gut oder schlecht bewerten. Josef wird seinen Bruder also eher erreichen, wenn er zeigt, dass auch er die Verlockungen des Bildschirms kennt.

Zweitens: Statt mit Vorwürfen zu reagieren, ist es immer besser, bei den eigenen Gefühlen zu bleiben. Im Gespräch mit seinem Vater bemerkte Josef erstmals, dass er sich nicht nur über Oli ärgert, sondern dass er auch traurig und enttäuscht ist, weil sein Bruder nichts mehr mit ihm unternimmt. Oliver wird seinem Bruder eher zuhören und über sich nachdenken, wenn er erfährt, was diesen bewegt und was er sich wünscht.

Drittens: Josefs schöne Traumerfahrung auf dem Eis lässt sich als Ressource nutzen, um nach attraktiven Alternativen zum Computerspielen zu suchen. Hier könnten die beiden darüber nachdenken, wann sie zuletzt richtig Spaß zusammen hatten und dabei sportlich aktiv waren.

Dabei lässt sich bestimmt einiges finden: »Weißt du noch, wie toll es im Schwimmbad immer war?« Oder: »Glaubst du, dass wir die 50 Kilometer mit dem Fahrrad noch schaffen würden …?«

Der erschossene Anführer – Edgar (15 Jahre alt) träumt:

Ich bin mit einer Gruppe von Jungs und Mädels unterwegs. Wir sind in einem Wildnis-Camp auf einer Insel. Aber in dem Camp war es irgendwie gefährlich, wir wurden angegriffen. Unser Führer und andere wurden erschossen. Ich, Mirco (sein bester Freund) und ein Mädchen aus der Gruppe waren die einzigen Überlebenden. War ein richtig cooler Traum.

Wer ist Edgar? Für Edgar geht die Kindheit langsam dem Ende zu und die Pubertät bestimmt mehr und mehr seine Interessen und Launen. Von den Werten der Eltern, zu denen er eine gute, vertrauensvolle Beziehung pflegt, distanziert er sich zunehmend. Edgar kümmert sich weniger um häusliche Pflichten, als es von ihm erwartet wird. Er möchte sein eigenes Ding machen, sein Zimmer bleibt sich selbst überlassen und er hängt am liebsten mit seinen Freunden ab. Dem steht entgegen, dass er zielstrebig ist und mit Begeisterung seinen Hobbys nachgeht: Er fährt gerne Inliner und spielt Fußball in einem Verein, zudem hat er vor wenigen Wochen mit Freunden eine Rockband gegründet, in der er Schlagzeug spielt.

Was geschah in den Tagen vor dem Traum? In Edgars Familie geht es gerade sehr turbulent zu. Eigentlich gibt es jeden Tag Ärger mit der älteren Schwester. Isabel, die etwas älter ist als Edgar, lebt ihm vor, wie man seine Eltern mit außergewöhnlichen Bedürfnissen bombardiert und sie glauben lässt, dass »16 Jahre Erziehung für die Katz waren«. Da Edgar seiner Schwester nacheifert, hält es seine Mutter kaum noch aus: »Jeder macht hier, was er will.« Verrückt werde sie noch, wenn das so weitergeht, hat sie erst kürzlich gemeint. Klaus, der Vater, fühlt sich im hohen Maße herausgefordert durch die pubertären Hormonschübe, die das bislang recht harmonische Familiendasein überrollen. Da die »fantastischen Vier« – wie Sie sich nennen – Traumgespräche im Familienalltag kultivieren konnten, gelingt es ihnen, trotz massiven pubertären Aufbegehrens und der zeitweiligen elterlichen Ohnmacht, immer wieder zusammenzufinden und miteinander Probleme zu lösen.

Edgar und sein Vater Klaus sprechen über den Traum:
Klaus: Der Führer wurde erschossen und ein paar aus der Gruppe sind gestorben? – Klingt ja furchtbar. **(Spiegeln)** Und wie ging es dir im Traum damit? **(Nach Gefühlen fragen)**
Edgar: Das hat mich schon sehr überrascht, als das Lager überfallen wurde, ich bin zum Glück heil da rausgekommen.
Klaus: Was fällt dir denn alles zu dem Traumbild ein? **(Frei assoziieren lassen)**
Edgar: Also ich glaube, ich gebe dir jetzt bald mal Recht, dass ich zu viel am Rechner sitze. Der Traum erinnert mich an das Ballerspiel, das ich mir gerade auf den Rechner geladen habe. Im Traum findet sich irgendwie alles, nur durcheinandergeraten, das Spiel, das Dschungelcamp auf RTL und die letzte Party von Freddy – als hätte jemand alles mal in einen Mixer getan.
Klaus: Hast du die anderen Jugendlichen im Traum gekannt? **(Nach Einzelheiten fragen)**

Edgar: Nur die, die mit mir überlebt haben. Also Mirco und das Mädchen, könnte Isabel (seine Schwester) gewesen sein. Und der Führer, der hatte zwei goldene Sterne auf seiner Jacke. Das fiel mir sofort auf.
Klaus: Du meinst so eine Jacke, wie ich sie bei der Polizei trage? (**Brücken ins Wachleben**)
Edgar: Ja genau, stimmt, dann bist du vielleicht der Führer, der erschossen wurde.
Klaus: Dann bin ich also der Führer, und ich wurde erschossen? Das ist aber nicht nett. Hast du dafür eine Erklärung? (**Nach Gedanken fragen**)
Edgar: Ich weiß es nicht, das Lager wurde wohl angegriffen und du hast versucht, uns zu verteidigen und du bist dabei draufgegangen, schade eigentlich, wir hätten dich bestimmt noch brauchen können. Aber wie gesagt, die wenigsten haben überlebt.
Klaus: Und was fällt dir so zu Polizei und »Sterne auf der Jacke« ein? (**Frei assoziieren lassen**)
Edgar: Na ja, die Polizei verbietet, kontrolliert und – entschuldige, dass ich das so sage – du bist mit deiner »Polizeipersönlichkeit« ja auch in unserer Familie ganz schräg unterwegs.
Steckst überall deine Nase rein, wie soll man da noch Luft bekommen (leicht erregt).
Klaus: Na ja, jetzt mal ganz ruhig bleiben. Also wenn ich hier so durchgreifen würde wie im Dienst, dann könntest du dir hier nicht mehr so viel erlauben, das kannst du mir glauben. Lass uns lieber über deinen Traum reden. War das so eine Art Ferienlager? (**Nach Einzelheiten fragen**)

Edgar: Nein, das war ein Survival-Camp, ein bisschen wie diese dummen Camps im Fernsehen. Weißt du, wo es darum geht, unter schlimmsten Bedingungen zu überleben. Mit Heuschrecken essen und in einem Käfig mit Kakerlaken zusammenwohnen.
Klaus (entsetzt): Pfui, wie kannst du nur so einen Sch… anschauen.
Edgar: Ganz cool bleiben, Papa.
Klaus (entmutigt): Ja, ja, ist ja gut. Lass mich mal zusammenfassen: Dein Problem war also, dass ihr ganz auf euch allein gestellt wart? So ganz ohne elterlichen Beistand. **(Problem benennen)**
Edgar: Na ja, wenn du es so nennen möchtest. War aber auch wiederum keine Katastrophe. Ich hab mir gesagt: Ich krieg das trotzdem hin, ich muss mich jetzt halt auf die neue Situation einstellen.
Klaus: Klingt so, als wärst jetzt du der Anführer, als hättest du mich abgelöst und müsstest die Verantwortung für eine Gruppe übernehmen. Hattest du auch eine konkrete Idee, wie du dich auf die neue Situation einstellen möchtest? **(Lösungen anregen)**
Edgar: Du meinst, ob wir einen Plan hatten, wie wir überleben könnten? Ja klar doch, erst mal cool bleiben – uns wäre dann schon was eingefallen.
Klaus: Kann es sein, dass es in deinem Traum deswegen so gewalttätig und turbulent zugeht, weil es hier zur Zeit auch drunter und drüber geht? **(Eigene Assoziationen einbringen)**
Edgar: Mag sein Papa – kannst dich schon mal dran gewöhnen. Hier wird sich die nächsten Wochen nichts ändern. Danke fürs Gespräch.

So denkt Klaus über Edgars Traum: So so, mein Kleiner möchte mich also loshaben, und natürlich einfach mal selbst drauflos starten. Wer will es ihm verdenken. Dann zeigt der Traum wohl, dass Edgar unabhängig sein möchte, ganz ohne Führer, selbst mal bestimmen und sagen, wo es lang geht. Ja und unsere guten Gespräche werden auch weniger – spricht lieber mit seinen Freunden über seine heiklen Themen. Das muss ich jetzt wohl akzeptieren, dass sich unsere Beziehung stark verändert. Ist ja auch normal, aber muss er mich denn gleich erschießen, und weshalb taucht Valerie (Mutter) eigentlich im Traum nicht auf?

Vergleich von Wachleben und Traum: Den beiden Traumexperten gelingt es ziemlich rasch, die Quellen des Traums zu benennen und die jeweiligen Parallelen zum Wachleben zu finden. Der Traum ist auf der einen Seite von Edgars Medienleidenschaften – Computerspielen und Fernsehen – bestimmt, vermischt sich aber mit persönlichen Konflikten und Bedürfnissen. Die im Traum eigentlich sehr dramatisch beschriebene Situation nimmt Edgar gelassen hin. Ihm macht es überhaupt nichts aus, dass es im Traum mal richtig »knallt« und so viele Menschen sterben müssen; und dass unter den Leichen auch sein Vater ist. Ähnliches gilt für ihn auch im Wachleben, auch da nimmt er die Konflikte eher gelassen hin und findet für sich meist einen bequemen Weg, wie er den Eltern und deren Ansprachen und Wünschen aus dem Weg gehen kann. Es »trifft« ihn nicht besonders, wenn es in der Familie mal wieder hoch hergeht – ganz im Gegensatz zu seinem Vater. Im Traum hat Edgar allerdings keinen ausgefeilten Plan, mit der neuen Situation umzugehen. Er möchte alles mehr oder minder dem Zufall überlassen. Im Raum steht: »Wie soll es denn nun weitergehen? So ohne Führung?«

Eine Frage, die sich jetzt umso dringlicher stellt, da Edgar im nächsten Schuljahr seinen Realschulabschluss macht und sich in den nächsten Wochen um eine Lehrstelle bemühen möchte. Edgar weiß allerdings noch gar nicht, was er eigentlich machen will, welchen Beruf er in Zukunft ergreifen möchte.

Weitere Erkenntnisse: Edgars Vater gelingt es durch das Gespräch besser zu verstehen, wo Edgar in seiner Entwicklung steht. Zum einen zeigt ihm der Traum ganz ausdrücklich, dass Edgar in Zukunft stärker auf ihn verzichten möchte. Wie in vielen anderen Träumen – so weiß Klaus – werden die dargestellten Sachverhalte stark übertrieben. Klaus versteht Edgars Kampf im Traum als Versuch, sich aus der Umklammerung der elterlichen Verbote und Gebote zu lösen. Aber der Vater erkennt auch deutlich, wie sehr sich Edgar seinem Schicksal überlässt. Eine gesunde Portion jugendlicher »Coolness« und Gelassenheit schwingt da mit. In Wirklichkeit aber geht es jetzt ums Eingemachte: Da Edgar dem Vater auf die Frage: »Wie soll es denn nun weitergehen?« keine konkrete Antwort liefert, fragt sich der Vater nun, ob es nicht auch seine Aufgabe wäre, dem Jungen bei dieser wichtigen Entscheidung zu helfen.

> Das Traumbild verweist auf ein einfaches Naturgesetz in der Eltern-Kind-Beziehung: Kinder bereiten sich psychisch und sozial darauf vor, ihr Elternhaus zu verlassen. Die Entwicklungsphase »Pubertät« führt diesen Prozess klar vor Augen. Eltern müssen ihre gewohnte Rolle als Erzieher überdenken und ihren Kindern, auch wenn es schwerfällt, Freiräume zum Experimentieren lassen. Kinder müssen ihren eigenen Weg finden und lernen, Verantwortung für ihre Entscheidungen zu übernehmen.

Themen, die im Traumgespräch nicht angesprochen werden, aber sicher für eine tiefere Analyse interessant wären: Von wem geht der Angriff aus, wer hat ein Interesse daran, das Jugendlager aufzulösen bzw. einen Angriff gegen die jungen Leute und den Führer zu starten? Wer torpediert das Lager? Was könnte Edgar zu diesen Aggressionen im Traum veranlassen?

Die vielen Fragen, die wir in Edgas Traum zum Ende aufgeworfen haben, verdeutlichen, wie vielschichtig Träume sein können und wie viele neue und spannende Perspektiven auf das Leben und unsere Beziehungen in Traumgesprächen möglich werden. Es gibt immer noch eine Straße, in die wir einbiegen können, noch einen Raum, der sich öffnen lässt oder eine weitere Ansicht eines Bildes, die uns neue Einsichten, Weisheiten und Erkenntnisse beschert. In Träumen und in Traumgesprächen gibt es keine Einbahnstraßen und Stoppschilder, da können Sie mit ihren Kindern nach Herzenslust ausprobieren. Ist das nicht eine tolle Nachricht!

Nachwort

Was uns noch am Herzen liegt:

Ein Buch zu schreiben kostet Zeit und Kraft, die man über längere Zeit nur aufbringt, wenn man davon überzeugt ist, anderen etwas Wichtiges mit auf den Weg zu geben. Unsere Überzeugung vom Wert der Traumgespräche für Kinder und Eltern hat uns auch durch schwierigere Phasen des Schreibens geleitet.

Um ein Buch zu schreiben braucht man aber auch Menschen, die einen unterstützen. Wir wollen deshalb an dieser Stelle an jenen danken, die uns auf ihre Art besonders geholfen haben: Allen Eltern, die unserem Projekt gegenüber offen waren und Zeit und Interesse aufgewendet haben, um Aufzeichnungen von den Traumgesprächen mit Ihren Kindern zu machen. Den Schülerinnen der 2BFHK2 des Jahrgangs 2008/2009 der Zinzendorfschulen in Königsfeld, die mit viel Engagement und Sachkenntnis mit Kindergartenkindern über das Träumen philosophiert haben. Gerlinde Unverzagt, die uns als Mutter und Buchautorin mit ihren Gedanken zum Thema besonders inspiriert hat. Frau Professor Inge Strauch und Herr Professor Michael Schredl für Erkenntnisse aus der Traumforschung , die unser Buch wesentlich bereichert haben.

Nachwort

Am Ende angekommen fehlt nur noch eines: Sophia hat eine Antwort auf Ihren Brief bekommen! Neugierig? Sie finden diesen auf der nächsten Seite.

Antwort der Eltern auf Sophias Brief

Liebe Sophia,

jetzt sind wir richtig froh über deinen Brief und haben uns sehr gefreut. Papa und ich sind ganz begeistert von deinem Traum. Er hat mir gleich vorgeschlagen, dass wir ein Traumbuch kaufen können – um deinen Traum auch richtig zu verstehen. Jetzt, nachdem wir das Buch gelesen haben, wissen wir, wie wichtig es ist, über Träume zu sprechen. Und wir sagen beide mal ganz herzlich DANKE – weil wir wussten gar nicht, was man mit Träumen alles machen kann.

Ich kann mich gut erinnern: Als ich so alt war wie du, bin ich auch im Traum geflogen. Später hab ich es verlernt. Das ist schade. Aber du erinnerst mich daran, das ist wichtig. Ja, du hast Recht, wir haben wenig Zeit für so schöne Sachen wie das Träumen. Aber wir versprechen dir, dass wir alle zusammen ein Mal in der Woche einen Traumabend machen. Hast du Lust dazu? Dann können wir uns – Eva, Papa, ich und du – gegenseitig unsere Träume erzählen und verstehen. Was meinst du dazu?

… und die Dusche hat Papa jetzt endlich repariert. Du brauchst also keine Angst mehr zu haben, dass das Wasser so hoch steigt, wenn du in den Keller gehst.

Ganz liebe Grüße von deiner Mama und deinem Papa – wir haben dich auch ganz arg lieb.

Literaturverzeichnis

Adam, Klaus-Uwe: Therapeutisches Arbeiten mit Träumen. Berlin: Springer 2006

Bartels, Martin (Hrsg.): Traumspiele. Hamburg: Junius 1994.

Benedetti, Gaetano: Vom Sinn und Doppelsinn der Träume in: Botschaft der Träume. Göttingen: Vandenhoeck und Ruprecht 1998.

Bergmann, Wolfgang: Gute Autorität. Grundsätze einer zeitgemäßen Erziehung. Weinheim und Basel: Beltz 2006.

Birbaumer, Nils; Schmidt, Robert F.: Biologische Psychologie. Heidelberg: Springer 2006.

Bröder, Monika; Hilbich, Ulrike: Das letzte Jahr im Kindergarten. Entwicklungsgerecht begleiten. Freiburg i. Br.: Herder 1996.

Brooks, R.; Goldstein, S.: Das Resilienz-Buch. Stuttgart: Klett-Cotta 2007.

Brüning, B.; Martens, E.: Anschaulich philosophieren: Mit Märchen, Fabeln, Bildern und Filmen. Weinheim: Beltz 2007.

Brüning, B.: »Was ist ein Traum? fragt Jonas.« Philosophieren mit Kindern im Kindergarten. In: Kindergartenpädagogik Online-Handbuch. URL: http://www.kindergartenpaedagogik. de/1563.html

Büssing, Arndt: Spiritualität, Krankheit und Heilung – Bedeutung und Ausdrucksformen der Spiritualität in der Medizin. Frankfurt: Verlag für Akademische Schriften 2006.

BZgA, Köln: Sexualpädagogik zwischen Persönlichkeitslernen und Arbeitsfeldorientierung. Köln: 1999.

Cormann, Walther (Hrsg.): Menschwerdung. Entstehung, Entwicklung und Veränderung menschlicher Potenziale. Wasserburg a. B.: Cormann 2007.

Donaldson, M.: Wie Kinder denken. Bern: Huber 1982.

Drewermann, Eugen: Tiefenpsychologie und Exegese Band I. Traum, Mythos, Märchen, Sage und Legende. Düsseldorf und Zürich: Walter-Verlag 2001.

Drewermann, Eugen: Atem des Lebens. Die moderne Neurologie und die Frage nach Gott. Bd. 1: Das Gehirn. Düsseldorf: Patmos 2006.

Drewermann, Eugen: Hänsel und Gretel. Grimms Märchen tiefenpsychologisch gedeutet. München: dtv 2006.

Esser, Günter, Hrsg.: Lehrbuch der klinischen Psychologie und Psychotherapie des Kindes- und Jugendalters. Stuttgart: Georg Thieme Verlag 2002.

Faraday, Ann: Deine Träume Schlüssel zur Selbsterkenntnis. Hamburg: Fischer 1995.

Foulkes, David.: Childrens's dreaming and the development of consciousness. Cambridge, Masachusetts: Harvard University Press 1999.

Freud, Sigmund: Die Traumdeutung. Frankfurt: Fischer 1991.

Gebauer, K.; Hüther, G.: Kinder brauchen Vertrauen. Düsseldorf, Zürich: Patmos 2004.

Gross, Werner: Was erlebt das Kind im Mutterleib? Ergebnisse und Folgerungen der pränatalen Psychologie. Freiburg i. Br.: Herder 2003.

Haug-Schnabel, Gabriele; Bensel, Joachim: Grundlagen der Entwicklungspsychologie. Die ersten 10 Lebensjahre. Freiburg i. Br.: Herder 2005.

Holzinger, Brigitte: Anleitung zum Träumen. Träume kreativ nutzen. Stuttgart: Klett-Cotta 2007.

Hüther, Gerald: Die Macht der inneren Bilder. Wie Visionen das Gehirn, den Menschen und die Welt verändern. Göttingen: Vandenhoeck und Ruprecht 2008.

Jaszus, R.; Büchin-Wilhelm, I.; Mäder-Berg, M.; Gutmann, W. : Sozialpädagogische Lernfelder für Erzieherinnen. Stuttgart: Holland und Josenhans 2008.

Jung, C.G. : Traum und Traumdeutung. München: dtv 1996.
Jung, C.G.: Archetypen. München: dtv 1996.
Jung, C.G.: Der Mensch und seine Symbole. Solothurn und Düsseldorf: Walter-Verlag 1996.
Juul, Jesper: Aus Erziehung wird Beziehung. Freiburg i. Br.: Herder 2008.
Juul, Jesper: Was Familien trägt. München: Kösel 2007.
Juul, Jesper: Das kompetente Kind. Hamburg: Rowohlt 2003.
Kasper, Horst: Prügel, Mobbing, Pöbeleien, Kinder gegen Gewalt in der Schule stärken. Berlin: Cornelson 2003.
Kast, Verena: Die Dynamik der Symbole. Grundlagen der Jungschen Psychotherapie. München: dtv 1996.
Kast, Verena: Träume – die geheimnisvolle Sprache des Unbewussten. Düsseldorf: Patmos 2006.
Krowatschek, Dieter: Kinder brauchen Tiere. Wie Tiere die kindliche Entwicklung fördern. Düsseldorf: Patmos 2007.
Lavie, Peretz: Die wunderbare Welt des Schlafs. München: dtv 1999.
Oaklander, Violet: Gestalttherapie mit Kindern und Jugendlichen. Stuttgart: Klett-Cotta 2001.
Prekop, Jirina; Hüther, Gerald: Auf Schatzsuche bei unseren Kindern. Ein Entdeckungsbuch für neugierige Eltern und Erzieher. München: Kösel 2007.
Psychologie Heute compact: Hilfe für die Seele, was Psychotherapie leisten kann, 2009, Heft 21.
Retzlaff, Rüdiger: Spiel-Räume. Lehrbuch der systemischen Therapie mit Kindern und Jugendlichen. Stuttgart: Klett-Cotta 2008.
Rössler, Reimara und Otto: Das Denken eines Kindes. Entwicklung, Persönlichkeit, Gefühle. Hamburg: Rowohlt 1998.
Rogge, Jan-Uwe: Wut tut gut. Warum Kinder aggressiv sein dürfen. Hamburg: Rowohlt 2005.
Salhab, Markus: Träume verstehen. Der Leitfaden. www.traeume-verstehen.de, 2006.

Schredl, Michael: Träume, die Wissenschaft enträtselt unser nächtliches Kopfkino. Berlin: Ullstein 2007.

Siegel, Alan; Bulkeley, Kelly: Kinderträume und ihre Bedeutung. Eine Reise in die kindliche Seele. München: Econ & List 1999.

Solms, Mark; Turnbull, Oliver: Das Gehirn und die innere Welt. Neurowissenschaft und Psychoanalyse. Düsseldorf: Patmos 2004.

Spurr, Pam: Mit der Rakete zum Mond. Kinderträume verstehen, deuten und nutzen. Berlin: Verlag Gesundheit 1999.

Strauch, Inge; Maier, Barbara: Den Träumen auf der Spur. Zugang zur modernen Traumforschung. Bern: Huber 2004.

Tholey, Paul; Utecht, Kaleb: Schöpferisch Träumen. Der Klartraum als Lebenshilfe. Frankfurt am Main: Klotz 2000.

Unverzagt, Gerlinde: Was hast du heut Nacht geträumt? Mit Kinderträumen besser umgehen. Frankfurt a. M.: Eichborn 2002.

Varela, Francisco J.: Traum, Schlaf und Tod. Der Dalai Lama im Gespräch mit westlichen Wissenschaftlern. München: Piper 2006.

Vedfelt, Ole: Dimensionen der Träume. Ein Grundlagenwerk zu Wesen, Funktion und Interpretation. München: dtv 1999.

Weller, Konrad: Sexualerziehung in der Familie. www. Familienhandbuch.de. Das Online-Familienhandbuch des Staatsinstituts für Frühpädagogik (IFP), 2005.

Das Geheimnis entspannter Eltern

Familienratgeber bei Heyne

978-3-453-19742-8

Steve Biddulph
*Das Geheimnis
glücklicher Kinder*
978-3-453-19742-8

Anke Willers
Ich bin eine Suchmaschine
Mein Alltag mit Kindern
978-3-453-60129-1

Das Familienbuch
Zusammen spannende
Sachen machen
978-3-453-68539-0

Steve Biddulph
*Das Geheimnis
glücklicher Babys*
Kinderbetreuung –
ab wann, wie oft, wie lange?
978-3-453-67015-0

Steve Biddulph
*Weitere Geheimnisse
glücklicher Kinder*
978-3-453-19762-6

Steve Biddulph
Jungen!
Wie sie glücklich heranwachsen
978-3-453-21495-8

Cynthia L. Copeland
Quengelspiele
So halten Sie Ihre Kinder
überall bei Laune
978-3-453-68541-3

Spiele

Die beliebtesten Klassiker

978-3-453-68541-3

Cynthia L. Copeland
Quengelspiele
So halten Sie Ihre Kinder
überall bei Laune
978-3-453-68541-3

Birgit Adam
*Neue Denk- und
Gedächtnisspiele*
Von leicht bis kniffelig
Zum Selberknobeln und
Rätseln im Freundeskreis
978-3-453-68538-3

Bernd Brucker
Die schönsten Würfelspiele
Klassiker und neue Ideen für
Kinder und Erwachsene
978-3-453-68505-5

Linda Conradi
Die wichtigsten Kartenspiele
Rommé, Skat, Canasta,
Doppelkopf, Bridge und
vieles mehr
978-3-453-87938-6

Bernd Brucker
Fingerspiele
Klassiker und neue Ideen
für Babys und Kleinkinder
978-3-453-68502-4

Anke Reimann
Neue Fingerspiele
Noch mehr Klassiker, Zeige-
spiele, Abzählreime und
Schabernack für Babys, Kleinkinder und Schulkinder
978-3-453-68544-4

Das Glück braucht einen Namen!

Umfassende Handbücher für werdende Eltern auf Namensuche

978-3-453-68518-5

Birgit Adam
Die schönsten internationalen Vornamen
978-3-453-68518-5

Julia Andresen
Das große Buch der Vornamen
978-3-453-86942-4

Birgit Adam
Die schönsten nordischen Vornamen
978-3-453-65004-6

Andrea Wellnitz
Die schönsten biblischen Vornamen
978-3-453-68533-8